世界名人名传 主编 柳鸣九

[法] 亨利·特罗亚 著
胡尧步 译

莫泊桑传
Biography
GUY DE
MAUPASSANT /

河南文艺出版社
·郑州·

图书在版编目（CIP）数据

莫泊桑传/（法）亨利·特罗亚著;胡尧步译--郑州：河南文艺出版社,2021.9

（世界名人名传/柳鸣九主编）

ISBN 978-7-5559-1101-2

Ⅰ.①莫… Ⅱ.①亨…②胡… Ⅲ.①莫泊桑（Maupassant，Cuy de 1850—1893）-传记 Ⅳ.①K835.655.6

中国版本图书馆 CIP 数据核字（2021）第 100502 号

选题策划　冯田芳
责任编辑　冯田芳
书籍设计　ⅠⅠ 书籍/设计/工坊 刘运来工作室
责任校对　赵红宙
责任印制　陈少强

出版发行　河南文艺出版社
本社地址　郑州市郑东新区祥盛街 27 号 C 座 5 楼
承印单位　河南瑞之光印刷股份有限公司
经销单位　新华书店
纸张规格　890 毫米×1240 毫米　1/32
印　　张　8.375
字　　数　164 000
版　　次　2021 年 9 月第 1 版
印　　次　2021 年 9 月第 1 次印刷
定　　价　39.00 元

印厂地址　河南省武陟县产业集聚区东区（詹店镇）泰安路
邮政编码　454950　　电话　0371-63956290

目 录

第一章　脱缰的马驹

　　最近以来，一位名叫居斯塔夫·莫泊桑的男子追求洛拉·勒·普瓦特万小姐。[①] 小姐忐忑不安，自忖：该不该同意他的求婚？她已经 25 岁了，长得很漂亮，容貌端正。她有一头深褐色的头发，中间分开，长长的头发垂在脸颊两边，目光炯炯，周围的人们觉得这是一位聪明和能干的闺秀。普瓦特万小姐热爱文学，博览群书，会讲意大利语和英语，熟习莎士比亚著作，经常给挚友写哀歌体书信。她对弟弟阿尔弗雷德十分敬重，他是居斯塔夫·福楼拜的好友。阿尔弗雷德是位早熟的诗人，笔调细腻，富有反抗精神，神情忧郁。他和福楼拜一样，极力嘲笑资产者。洛拉参与了他们的讨论，和他们一起嬉戏和开玩笑。他们重视她的批评意见，而她也认为他们会有灿烂前程。在这两位有卓越才能的人物面前，她的追求者居斯塔

---

　　① 洛拉·勒·普瓦特万于 1821 年 9 月 28 日生于鲁昂；居斯塔夫·莫泊桑于 1821 年 11 月 27 日生于厄尔省贝尔内。

夫·莫泊桑是个无足轻重的人物。确实，他有诱人的魅力，风度翩翩，讨人喜欢，富于柔情蜜意的眼神会赢得淑女们的青睐。但使她担忧的是，这位懒散的纨绔子弟在智力方面难以与她匹敌。除此之外，他也不是贵族！不过，她感到难受的是她只是破产的纱厂老板的女儿、一个平民女子。在父亲去世后，她的母亲带着孩子回到费康的平民区的娘家。洛拉受虚荣心所驱使，竭力想摆脱外省的平庸生活，跻身于上流社会，能受到当地人的敬重。她执意要居斯塔夫·莫泊桑到档案馆搞些调查，寻找家族的根。恰巧，他发现当过国王枢密秘书的让-巴蒂斯特·莫泊桑在 1752 年被授予贵族头衔，并有奥地利宫廷发的证书。之后，洛拉要居斯塔夫·莫泊桑正式提出表示贵族身份的介词①。如果能做到这一点，她就嫁给他。居斯塔夫·莫泊桑言听计从，在 1846 年 7 月 9 日办了手续，鲁昂民事法庭批准今后可称呼居斯塔夫·德·莫泊桑。未婚妻兴高采烈，这样一来，结婚的障碍不复存在。

结婚仪式在 1846 年 11 月 9 日举行。同年，洛拉的兄弟阿尔弗雷德娶了居斯塔夫·德·莫泊桑的妹妹路易丝。两家亲上加亲，关系更为密切。但是，阿尔弗雷德生活放荡，对人生失望，生命短促，于 1848 年死去。洛拉极为悲痛，多舛的命运使她以阅读叔本华的著作聊以自慰，因为作品中的悲观主义恰好符合她对人类苦难的生活的看法。但是不久，这种晦暗的心情被欢乐所扫清：她怀孕了。

---

① 法国贵族的姓的前面有介词"德"（DE）。——译者

她所怀的孩子只能是个天才,他不能在"市井商肆"里出生,就像她所说的,在费康这种小镇里出生。尤其是林荫街①的住宅并不像样。正好在头一年,即1849年9月,莫泊桑家租赁了漂亮的米龙梅斯尼尔别墅,它离迪耶普市不远,属于都尔絮阿格镇。就在临产期前不久,年轻的产妇搬到了这座贵族式的住宅,过去它属于弗莱尔侯爵,如今是大法官米龙梅斯尼尔的产业。吉东医生住在几公里之外,洛拉一有阵痛就会赶来助产。婴儿身份登记的名字是亨利-勒内-阿尔贝-居易·德·莫泊桑,1850年8月5日生于都尔絮阿格镇米龙梅斯尼尔别墅。同年8月20日行简单洗礼,一年以后,即1851年8月17日,在本区的教堂里正式接受洗礼。当时,在镇上流传着许多奇怪的谣言。有些不怀好意的人认为孩子实际上是在费康出生的(呸,真讨厌!),而洛拉是在生下孩子后才住到米龙梅斯尼尔别墅,他们事先与都尔絮阿格镇政府谈妥,在官方文件中写了个假出生地点。洛拉是个爱动感情的母亲,在她一生中,对这种侮辱人的编造立即予以否认。1856年,她生第二个儿子埃尔维时,再次选择了租用别墅的办法,她选择哈佛区的冈维尔-伊莫维尔的别墅。在她的思想中,孩子从幼年起,就应该生活在深宅大院里,并配

---

① 现在是居易-德-莫泊桑沿河马路。

备精致家具,挂有祖先遗像。① 对庄园宅邸的迷恋也挡不住小两口不时到费康市、埃特尔达市和巴黎小住,特别是这位风流潇洒的居斯塔夫,在家待不住,喜欢寻花觅柳。那些轻薄的骚娘儿们和年轻女用人都对他的胃口。他与这些头脑简单的娘儿们调情打闹时,可以避开高傲、易怒、爱发号施令、成天忙于信神祭天活动的太太的闲气。洛拉知道丈夫干的那些寻花觅柳的勾当,时而埋怨,时而斥责。孩子们有时候听到他们父母的争吵声,暗中琢磨其缘由。

1859 年,天性无忧无虑的居斯塔夫·德·莫泊桑时运不济,度日艰难,只好找个差使来混日子。他先在爱德华·朱尔交易所当二等出纳员,后来又作为合伙人在巴黎斯托尔兹交易所任职,全家也定居在首都。这时,他可以尽情享受幽会之乐。洛拉已无法再忍受了。只有 9 岁的居易知道父亲有外遇。当时他是拿破仑王家中学②的住宿生,他写信给母亲:"我作文得第一名。作为奖赏,某夫人带着我和爸爸上马戏团,她好像也要奖励爸爸,但我不知道为什么。"有一天,居易和埃尔维应一位夫人之邀观看儿童场演出,谁都

---

① 如果居易·莫泊桑的出生证表明他是在都尔絮阿格镇出生的话,巴黎开的死亡证明却写的是出生在伊夫托市附近的索托维尔(Sotteville)。但这可能是抄写员的笔误,他把它与米龙梅斯尼尔别墅毗邻的索克维尔(Sauqueville)搞混了。乔治·诺曼第和勒内·杜梅斯尼等传记作家依据的是不可靠的经不起推敲的口头流传的材料,他们支持的观点是莫泊桑的出生地是费康镇林荫街 98 号。而根据最近发现的材料,从 1849 年 8 月起,米龙梅斯尼尔别墅"连同家具"出租,同年 10 月由房主马尔斯科夫人公开拍卖家具。居斯塔夫·莫泊桑早就居住该镇,购买了其中部分家具,勒格拉斯先生在研究此事的原件中曾明确指出。因此,居易·莫泊桑应是出生在米龙梅斯尼尔别墅,与正式说法相符,而不是出生在费康。
② 即现在的亨利四世公立中学。

知道这位夫人是他们的父亲的情人。埃尔维病了,洛拉决定留下来照顾孩子。居斯塔夫·德·莫泊桑匆忙地提出带居易参加庆祝活动。淘气包以穿衣服拖延时间来捉弄父亲。父亲十分恼火,威胁取消外出。

居易回答说:"啊!我倒是挺不慌不忙的啰!你比我更焦急出门!"

爸爸说:"得了,快把鞋带系好。"①

"不,来把我鞋带系好!完事后你决定好了!"

居斯塔夫·德·莫泊桑十分尴尬,只好服从。不久以后,居易目击了父母之间的激烈争吵,使他惊慌失措。在他以后写的一篇中篇小说中有这样一段回忆:"爸爸当时怒不可遏,浑身发抖,转过身来抓住他妻子的脖子,竭尽全力,用另一只手揍她的脸。妈妈帽子掉了,她披头散发,试图挡住拳头,但未能奏效。而爸爸像疯子一样揍她……我觉得这个世界将完蛋,永恒的规律也已经改变……我幼稚的头脑也茫然若失、神魂颠倒,不知所措,一个劲儿狂喊,沉浸在惊骇、痛苦和惶恐中。"由于极度惊慌,居易跑到院子里,在惶惶不安中在那里度过了一夜。第二天,他看见父母"脸色如常"。暴风雨过去了,夫妇俩又过着那种沉闷的生活。洛拉抱着儿子,不停地叹气:"你这个小淘气,真把我吓坏了。我一宵都没睡着觉!"

从争吵到和解,家里的气氛却很令人窒息。居斯塔夫和妻子已

---

① A.伦布罗索:《回忆莫泊桑》。

无夫妻情爱,他极度烦恼,最终决定分居。在当时,离婚在法律上是不允许的,事情以和解方式解决,两相情愿,在治安法官那里立一简单文书。洛拉取走了她的财物,获得孩子监护权,并从丈夫那里获得每年1600法郎抚养孩子的年金。尽管父母婚姻破裂,居易并没有像他母亲怨恨朝三暮四的丈夫那样怨恨自己的父亲。他从父母亲之间的不和得到的结论是,任何婚姻是注定要失败的,这是他很年轻时就这样认为的。他认为,男人不是生就日日夜夜守着一个女人。他怜悯母亲,也很想理解父亲。随着岁月的流逝,他对父亲的宽容中掺杂有藐视。

莫泊桑的父母在分手前,在埃特尔达镇买了一座名叫韦基的别墅,它位于费康市大路旁,是一座18世纪的建筑。洛拉和孩子们就隐居在这里。这座白色的"可爱的家"内有个大花园,栽有桦树、椴树、无花果树、枸骨冬叶青树,阳台上挂满了爬山虎和金银花。室内陈设着笨重的家具,散发着薰衣草和蜂蜡的味道。在昏暗的房间里,鲁昂彩陶反射的光在墙上闪闪发亮。在这间庄严和讲究的房间里,母亲给居易授课,教他品尝诗情雅意,高声给他朗诵《仲夏夜之梦》和《麦克佩斯》①。她满怀激情地观察到,这个孩子像他那个感情细致、早夭的诗人舅舅阿尔弗雷德。1862年的一天,她收到福楼拜亲笔题词赠送的《萨朗波》一书,她在饭后情不自禁朗读起她的好友的最新小说的若干段落,她在给福楼拜的信中写道:"我儿子居

---

① 《仲夏夜之梦》和《麦克白》均为英国伟大戏剧家莎士比亚(1564—1616)的名剧。——译者

易聚精会神地听着,你的精彩动人、细腻的和恐怖的描写,使他眼神闪出光芒。"当时居易才 12 岁。洛拉想,也许儿子也会成为作家。

除了母亲富于感情和文学素质的教育之外,还有埃特尔达副本堂神父奥布尔院长的教导,这位院长教授居易和埃尔维语法、算术、基督教教理、拉丁文入门等课程,他"身材高挑、瘦骨嶙峋,十分自鸣得意"。为了使兄弟俩熟悉冥国的概念,他还教他们记熟公墓里"写在黑十字架"上的死者名字。为了使他们学得更多,还要灌输其他学问。授课完了以后,居易就溜到海滨,充分呼吸海滩的狂风巨浪激起的空气,聆听海鸥尖声的鸣叫,并与渔夫们谈天说地。埃尔维却从不跟着居易游玩欣赏海景。兄弟俩相差 10 岁,弟弟从没有这种闲情雅兴。兄弟俩共同生活在一起,却没有真正地沟通思想。比起弟弟来,洛拉更喜欢其长子。在居易身上,她看到了这是一个具有男子汉气概的小男孩,生性聪明,体魄强壮,特别对艺术的魅力十分倾心。居易能讲一口流利的诺曼底土话。和他游戏的小伙伴都是土生土长的小淘气,生性活泼勇敢,但缺乏文化素养。他与这些快乐的小伙伴游玩时没感到什么隔阂。对碧空帆影和海风的热爱使他们亲密无间。一位渔夫有时带着"小莫泊桑"到他的船上。大海越是风浪剧烈,他越感到享受冒险的乐趣。他 13 岁时就能驾小船,掌握船的倾斜度,当船尾下陷时又使船身挺立。在与自然做斗争时,他感到其乐无穷。莫泊桑成年以后,在谈到童年时的玩耍船只时,曾说:"在我的血管里流着海盗的血。"①

但是,不仅是大海吸引着莫泊桑,诺曼底内地也是他最喜爱的地方。他喜爱由苹果树围成的围墙,布满干芦苇的池塘,庄园的院落和不时传出的犬吠声。在他的回忆录里,像摄像似的精确描绘着农民的脸孔。莫泊桑笔下,这些农民历尽坎坷,既吝啬、天真,又很狡猾。他听他们讲话时和听奥布尔院长授课时一样专心。

在离这个简朴的村落不远,埃特尔达市在 1850 年就因阿尔方斯·卡尔的描述而遐迩闻名。春天来临时,阔佬和艺术家纷至沓来。穿戴华丽的贵妇和她们的管家,打着阳伞,踩着碎石海滩观赏大海,如入梦幻仙境。男人们来到一座简朴的木建筑构成的娱乐场打台球或阅读书报。到饮茶时分,人们欣赏着钢琴家演奏奥芬巴赫的乐曲。年轻人组织"小型舞会",老气横秋的人则躲到称为"古风沙龙"的小屋里。在这些浮华、闲散、腰缠万贯的阔佬和当地出身低微、愚昧无知却骄矜自负的平民之间确有一条鸿沟,莫泊桑毅然置身于平民百姓中。他是地道的诺曼底人,并欲落户其中。

当居易沿着海滨漫步时,洛拉陪伴着。一日,海潮骤起,母子俩冒着生命危险,攀登上悬崖陡壁以避海浪。脱险后,在这远离人世间的、海鸥齐鸣的岩峰上,母子俩紧相偎依。这是神圣的时刻,母子思想沟通,都崇尚荒漠的大自然景色。居易感谢母亲让他随心所欲地生活,就像一匹"脱缰的马驹"②。

---

①② A.伦布罗索:《回忆莫泊桑》。

洛拉希望这种亲密无间的情分永远保持在生活中。然而,孩子需要比奥布尔院长家教更认真的教育。洛拉违心地将居易送到寄宿学校。受荣誉感所驱使,洛拉给居易选择埃特尔达附近的伊夫托教会学校。她想,孩子们应该有良好的风度举止,这是每个在社会上闯事业的人所必需的。

第二章　诗歌和现实

莫泊桑进入伊夫托教会学校时，正是 13 岁小伙子，虎背熊腰，胸膛挺实，肌肉发达，眼睛里闪着反叛的火焰。他习惯于在海滨与渔民的孩子们玩耍，过自由自在游民般的生活，学校里高院深宅的生活使他感到窒息。同班同学都是些富家子弟，是船主、腌货商、富裕的农场主的孩子。在这个"诺曼底精神城堡"里，就像科镇人所说的那样，这里气氛严肃，信仰虔诚，纪律严明。莫泊桑在回忆寄宿学校生活时，曾这样写道："在那里，祈祷就像市场上的鱼，每天要涨潮一样。"①虽在穿着长袍的教士中生活，他却对宗教很反感。定时祷告、就餐时读经、背诵福音书，他觉得这种义务十分怪诞。他想，教士们歪曲了上帝，上帝在狂澜中，应该比在普通的教堂里更为崇高。此外，他喜欢泡在水里洗澡，他不能容忍同学和老师的污垢。

----

① 1882 年 5 月 15 日:《惊奇》。

这里,老师和同学们每年只洗三次脚,从不洗澡。人们在荒诞的书本里浪费眼力。然而,他在入学之初,证明自己是听话的,甚至是心甘情愿的。期终考试的分数也是不错的。行为被认为"规矩",工作"勤奋",性格"有礼貌、听话"。在这种表面现象中蕴藏着风波。他有几次借头痛而缺课。在这个如同监狱般的环境中,教师智力不足,学生粗狂骄傲。他硬着头皮学拉丁文、希腊文、算术和语法,希望暑假早日到来。他母亲早就许诺过,如果他期终考试成绩优良,将带他去参加舞会。他给母亲的信中写道:"如果这事不使你为难的话,你曾答应过带我去参加舞会的……现在我求你只要把参加舞会一半的钱给我就行了,因为我要用这笔钱购买一只小船。这是我开学后唯一想的事……我不想购买卖给巴黎人的那种船,那种船没什么用,我去找我认识的人,他会售给我像教堂里那种船,也就是舱底是圆的那种渔船。"①

莫泊桑盼望着暑假航海的乐趣,还计划做使那些炫耀高贵出身的同学惊奇的事。他向父亲要了一些带家族纹章的信纸。"有了你带纹章的信纸,那么,与他们可以平起平坐了;你会使我很高兴的;我没有标明我姓氏的信纸,我需要两三本信纸用来写信。"写信时体面的考虑也挡不住在沉思默想后,他要像搬运工那样,与同年龄的顽童去试拳脚。他在给表兄弟路易·勒·普瓦特万的信中写道:教会学校像"一座凄惨的修道院,那里充塞着教士、虚假和苦恼……长

---

① 1864 年 5 月 2 日的信。

袍散发的臭气——充满了伊夫托城"①。他偷偷地阅读《新爱洛绮思》作为消遣,他写道:"这本书对我来说,同时是起消毒剂作用,也是圣周的虔诚读物。"②他对课堂上不讲维克多·雨果感到气愤。他向往诗情雅意,想和舅舅阿尔弗雷德·普瓦特万那样,一生致力于写作诗歌,青春的活力更激发他对韵律的爱好。他喜爱诗词铿锵的韵律和姑娘们的难以触摸的胴体,在这种思想驱使下,写了以下诗句:

因为天空太低沉,地平线太窄小,
整个宇宙对我显得太小。

或者是:

生活是远去的船只的痕迹,
也像长在山上瞬息即逝的花朵。

刚写完 12 行诗后,居易将诗寄给母亲品评。洛拉读这首诗时,既感到骄傲,又感到亲切。见到儿子的手笔,就好像是她最亲爱的弟弟又出现了。她确信儿子有才能,她将此事告诉童年的朋友居斯塔夫·福楼拜。

_____

① ② 1868 年 4 月的信。

但是居易或多或少是个幸运儿,他不满足于模仿当代诗人那样写诗。他除了笔调文雅外,喜欢笑谈世界、戏谑人生,对现存秩序不恭。一天,他在同学面前开神学老师的玩笑,模仿他的动作,神学老师曾吓唬他们,渲染地狱里的痛苦。还有一次,学校指定的佐餐的饮料,即丰收牌饮料,它不合乎诺曼底人习惯口味,该地人喜欢苹果酒那种刺激味,于是居易带领伙伴,开了个大玩笑。学生们偷偷摸摸地拿了校长的钥匙串,等督察和学监都睡着后,跑到地窖里大喝白酒和葡萄酒。第二天,笑话传开,但为了不损坏学校声誉,很快封锁消息。居易虽受到严厉惩处,但总算还让跟班就读。他担心这种饮食会影响身体健康,他抱怨食堂伙食太差,起来闹事是因为老师拒绝免除对他的"肉体惩罚",他在诗歌里倾诉了心中抑制不住的感情。按他的看法,散文表达不了激情。他自忖,如果不用诗句铿锵的韵律,怎么能赞美女人。而女人,越来越占据他的心灵。在埃特尔达度假时,他觊觎着入水沐浴的女子那种哆哆嗦嗦的模样。他琢磨着浴衣里女性的魅力,向往在洞窟阴影下,热烈拥抱她们。回到学校后,他将爱情的欲念写在本子上,然后改写成八律诗,并将其献给刚结婚不久的一个表姐,题为献给 E.D.:

> 您对我说过"歌唱节日吧,
>
> 在金黄色的头顶上
>
> 插满鲜花和钻石,
>
> 歌唱情侣们的幸福吧!"

> 但是在寂寞的修道院里，
>
> 我们将被埋葬，
>
> 在这块土地上，
>
> 我们只知道长袍和僧衣。

诗歌在班上流传，并落到学校领导手里。领导感到惊愕，这回莫泊桑是过线了。这是个不守纪律的学生，他不仅歌唱"情侣的幸福"，还抱怨周围的教士，这是害群之马，应当清除。学校看门人把他带回埃特尔达。

确实，洛拉对开除莫泊桑并不介意。她太爱自己的儿子，强制他长期过着隐士式的生活，那些宗教教育者对诗歌一窍不通。这在她给福楼拜的信中得到证实："他不喜欢那地方；严肃的修道院生活，对天性敏感和感情细腻的儿子不利，在高墙里，可怜的孩子感到压抑。"

"可怜的孩子"对这个恩赐心花怒放。在这段时间内，他找到机会第一次做爱。他对一位名叫弗兰克·哈里的萍水相逢的朋友承认是在"16 岁"。他感到骄傲，并作诗歌颂他与一位名叫让娜的漂亮和粗俗的姑娘的嬉戏，那时，她才 14 岁。

> 霎时间浑身通泰。
>
> 她叫嚷："够了，够了！"
>
> 她闭着眼躺下，像一团肉。

最吸引这位刚从学校逃出来的少年的两件事,就是女人和水。他将两者联系起来,追求肉欲、追求漂亮姑娘和欣赏秀丽风光。他想,从现在起,他的生活将为肉欲的爱和对大海的爱所分享。

1868年夏天,埃特尔达人头蜂拥,居易在朋友带领下,去看望住在背靠山崖小屋里的画家库尔贝,他写道:"在一间空无一物的大房间里,一个胖胖的满身油污的男子,拿着白色板刀靠在光光的画布上。不时将脸靠在玻璃窗上,看着海上的风暴。"①但是,除去老艺术家的工作间外,吸引他的是外面的混沌世界。旅馆门前停靠着华丽的四轮马车,娱乐场里又唱又跳。有几个卖鱼妇正在大声叫卖,夸她的鱼是新鲜货,而几个穿着夏装的巴黎女郎却掩鼻而过。还有一些避暑来的女郎,比较胆大的已到海滩。居易从头到脚地贪婪地盯着她们。他真愿意替代那几个壮汉,去帮助这些浴女顶风破浪。有一天傍晚,他结识一位名叫法妮·德·克尔的巴黎女郎,媚人的笑容和优雅的风度迷住了居易的心灵。他毫不迟疑地写了一首表达心意的诗送给她。但是,在不久以后拜访她时,他非常吃惊,她和几个男朋友正笑着朗读他的诗②。羞惭和愤怒之余,他确信女人是虚假、轻浮和令人鄙视的生灵,她们在这个世界上存在的唯一理由是满足男人的情欲。

莫泊桑由于思绪烦躁,毫无继续求学的心思。但是,没有中学

---

① 1869年8月,《吉尔·布拉斯报》文章。
② 根据吉泽尔·德斯托克的回忆。

文凭这个通行证,一个男子如何立足社会?洛拉虽怕再度分离而伤感,但还是送儿子到鲁昂的高乃依住宿学校就读。她决定让儿子在那里完成修辞课。母亲希望他既健壮又有教养,既有魅力又认真严肃,既爱母亲又在文学界有一席之地。如果莫泊桑功成业就,母亲婚姻上的挫折便可得到安慰,并且母亲傲慢地不接受另一个男人进入她的生活便是有道理的。

第三章　两位导师

　　居易从伊夫托教会学校令人窒息的环境逃出后,在鲁昂公立中学呼吸到了自由和宽容的空气。他的考试成绩良好。老师们不反对他的爱好,而是鼓励他写诗。有一首诗《造物主上帝》还登录在荣誉手册里:

　　　　谁也没有见过陌生的上帝的容颜,

　　　　他指挥着国王们并驾驭着宇宙。

　　另一首诗被指定由作者本人在圣查理曼节朗诵。他的同学们对这首诗十分称赞并试图模仿。但是,他指望有更高的赞赏。洛拉为他选了这首诗作为"书信"寄给她青年时期的朋友路易·布耶。他是诗人和戏剧家,时任市图书馆馆长。他年已 46 岁,大腹便便,满脸胡子,还有一撮山羊胡子,透过一副大夹鼻眼镜看人。这是一位愤世嫉俗的独身主义者,喜欢开恶作剧似的玩笑,爱戏弄耍笑市民阶层。他对自己的艺术已成一种癖好。他在家里接待这位年轻的崇拜者,用这样的话来打开话匣子:"100 行诗,甚至更少一些,如果诗歌本身无可挑剔,作者就足以获得艺术家的名声。"他将居易的作品一一过筛,认为软弱无力和因循守旧。他和颜悦色并耐心地提了一些关于韵律方面的意见,亲自改正某些表达不妥的词句。居易感激涕零,假日期间成天跟着布耶。有个星期四,在一片烟雾腾腾中,居易碰到另一个高个子先生,他也是蓄着胡子,脑门光秃,头发披在颈后,低垂的眼皮下有两颗大眼珠。这就是十分著名的《包法利夫人》和《萨朗波》的作者居斯塔夫·福楼拜。以前,他也是洛拉周围朋友圈子里的成员。这回来到当年游戏伙伴的儿子面前感到十分欣悦,非常高兴看到这个孩子对文学感兴趣。但天色已晚,他要坐水运船回克鲁瓦塞。三个人都出门奔码头。途中,他们在圣罗曼市场停留。当着居易的面,两位老伙伴兴高采烈,用诺曼底土话临时编了一个滑稽戏,布耶演丈夫,与扮演妻子的福楼拜演双簧,并就令人发笑的蠢事发表评论,这使居易十分吃惊。演这种小丑的节目使居易确信最伟大的天才有时也需要逗乐,放松一下。可能社会上打诨寻乐这类事,本身就是特殊才能的征兆,它不过是在寂静时充分表现出来。在日常生活中粗俗,在白纸上很精致,对艺术家的这个定义也极好地适用于埃特尔达两个愉快的乐天派。

在登上水运船前,福楼拜邀请居易到离鲁昂不远塞纳河旁的克鲁瓦塞的隐居寓所串门。几天以后,居易和路易·布耶到福楼拜家拜访。福楼拜在他那间堆着书、塞满废纸、充满烟雾的神秘小屋里接待他们,小屋角落里还供着一尊金色的菩萨。通过房间的窗户,人们可以看见河道,驳船、货船和超载的拖网渔船穿梭来往。牵引船不时地发出可怕的声音。港湾来来往往的热闹景象与平静的书房形成鲜明对比。在这位身材高大、有威金人①面容的名作家面前,居易很犹豫地在口袋里掏最近的诗作。最后掏出来呈上了。福楼拜读后点点头,并说:"我不知道你是否会有才气。你带来的作品证明你是有点聪明。年轻人,你别忘了,按布丰的说法,才能不过是长期的忍耐力。好好干吧!"福楼拜约年轻同事定期会面,并关心他的诗作。居易对此深表感谢。居易到克鲁瓦塞去得很勤,不久后福楼拜笑着对他说,他把居易当作"弟子"。

时间一个星期一个星期地过去,老师的教导更为明确,他对居易说:"如果已有某种程式,那首先要摆脱它。如果没有独创风格,那就要创造它。问题在于要看比较长时间内表达的那些事物,用心发现那些没有被人看见和没有被人说过的事,最微小的东西都包含着陌生的东西。要找到这些。要描写燃烧的火和原野上的树,那就要观察这团火和这棵树和其他的火和树不相同之处。用这种办法,人们就会有独特风格。"

还有一次,福楼拜好像怕这位一头栽在抒情诗的少年不理解他的意思,因为艺术首先是一件需要观察深度、笔调清晰和付出辛勤

---

① 威金人指 8 世纪至 11 世纪劫掠欧洲海岸的北欧海盗。——译者

劳动的工作,他更直截了当地说明他的思维方法:"当你经过坐在门口的杂货店老板,或正在抽烟的看门人,或经过驿站时,你给我指出这个老板或看门人的姿势,他们的包括整个思想本质的、由形象的动作指明的外表形状,使我能够不与其他杂货店或其他看门人搞混,用一个词来表明,驿站的马为什么和其他50匹走在它前面或走在它后面的马不一样。"①

福楼拜在讲这些话时,忘了和他讲话的是一个初出茅庐的写诗者,而不是小说家。确实,他怀疑年轻的莫泊桑前程是不是在诗歌方面。让这个淘气包写写诗以脱离那种风格,这很好;但是,他有才华,应当去写散文。"洛拉后来说,福楼拜说莫泊桑就像是拿破仑数落希望学好的士兵。当两句前后相连的句子描写一样或节奏一样时,福楼拜真光火。任何细枝末节都逃不过他谨慎的批评。"②

另一位文学顾问布耶在提建议时语气比较温和。他更愿意要居易发展他的诗歌天赋。洛拉在谈到儿子文学起步情况时说:"如果布耶能活着,他会使居易成为诗人。是福楼拜使居易成为小说家。"在这两位宽厚的留小胡子的良师中,一个是写有朴实诗集的诗歌的象征,另一个是有巨著小说的散文大家,居易想的是经过什么道路才能尽快出名。但是,无论是福楼拜还是布耶,都向他鼓吹要有耐心。这两位作家认为,一个高水平的作家不应该只靠笔活着。作品之所以有价值,是因为经过长时间酝酿,与众不同,能悄悄地存

---

① 《皮埃尔和让》序言。
② A.伦布罗索:《回忆莫泊桑》。

在。作品产生的时刻是否发表并不重要。两位老朋友边抽烟斗边谈论,居易一边听着,在尊敬之余,感觉与他们看法不一样。在他俩评论指导下,居易阅读了本世纪大作家如雨果、圣伯夫、巴尔扎克的作品……在阅读巴尔扎克湍流似的叙事笔法时,居易更喜爱梅里美《高龙巴》中朴实的笔调或《危险的私情》中的色情把戏。总之,对他来说,只有在写作中才能得到赏识,他指望在他的事业中,能得到两位教父般的老师的支持,他们关心他的习作。

然而,到了1869年7月初,路易·布耶的健康状况使周围的人感到担忧。同月18日,诗人突然去世。居易受到痛苦和反叛的打击。他所依靠的走向光荣的两根支柱之一突然抽走了,只留下了福楼拜,而福楼拜本人也忍受着悲痛。居易与福楼拜都参加了葬礼,在一批冷漠的群众中,他怀着憎恶的心情看着这些陌生人,这些市民,在4个抬棺材的人出来后,踩着死者的花园草地,"糟蹋花坛,采摘康乃馨和玫瑰"。

更倒霉的是,他甚至不能全心投入丧事。不到一星期就要中学会考。他匆忙地复习功课应付考试,他坐公共马车到考试地点卡昂。当他面对考官时,他的心情极为悲伤,脑袋还有些木然。1869年7月27日,是他最高兴的日子,他终于得到了文学业士①。悲伤和欢乐冲昏了头脑,他竟在妓院里度过了这个晚上。

现在该干什么?在征求了母亲和福楼拜的意见后,他选择了法

---

① 法国的全球独一无二的一个学位。——编者

律专业。10月,居易在巴黎法律学院注册。头一年,他住在蒙塞街2号的小房间里。他的父亲也住在这幢楼里。但是,居斯塔夫·德·莫泊桑是一个轻浮和靠不住的人,居易甭指望依靠父亲和得到来自父亲的帮助。居易在某种程度上觉得,他在道义上对那个监护他的人负有责任。他把居斯塔夫当成孩子并逮住机会就斥责一番。从此以后,是居易而不是居斯塔夫成为家长。

在巴黎,居易对法律专业课程远不如对沸腾的政治生活有兴趣。法兰西好像是发高烧了。帝国体制要对付越来越尖锐的拥护共和体制的反对派。他饶有兴趣地阅读报纸上的抨击文章。当他得知皮埃尔·波拿巴亲王枪杀了新闻记者维克多·努瓦尔时,他赞成罗什福尔在《马赛曲报》上写的文章:"我过去论据不足,还不相信这个波拿巴不是别的而只是一个凶手!"1870年1月12日维克多·努瓦尔出殡那天,香榭丽舍大街聚集了愤怒的人群。这群人是否会走向杜伊勒里宫?不,人群被驱散了。最高法院冒天下之大不韪,免除皮埃尔·波拿巴的责任,却将罗什福尔下狱判刑6个月。尽管表面上平静无事,但气氛很紧张,政府准备在1870年5月8日举行全民表决,要通过自由帝国刚通过的改革。表决结果十分奇怪。如果说外省许多人宣布支持拿破仑三世的政策,而巴黎却不买皇上的账。总共算来,735万张赞成票,150万张反对票。对理论上还处于专制君主体制的国家的安宁,不满的人数是过多了。人们会不会掀起一场革命?居易害怕这种状况,因为他憎恨民众运动。他越是喜爱单独行动的小人物时,他们集体行动时他就越害怕。然而，对内政的忧虑很快一扫而光，更严重的事件发生了。确实，普鲁士国王威廉一世有意让他的堂兄弟——一位德国亲王登上西班牙王位，但在最后时刻撤去任命。但是，拿破仑三世的大臣们，受欧仁妮皇后的挑唆指使，强求现在就要对未来做出保证。威廉一世当时在埃姆斯河上，认为这个要求无效，并将此事通知在柏林的俾斯麦。于是，俾斯麦不惜一切想打仗，因为他明白在军事上，普鲁士比法国要强。因此，他急忙将国王温和的回答改成侮辱性的拒绝。这个消息一透露，公众舆论哗然。1870年7月14日，无数群众在巴黎街道上示威游行并呼着"进军柏林"的口号。人们唱着《马赛曲》，并咒骂站在反对立场的梯也尔还想拯救和平。国防部长勒伯夫元帅承认军队已充分做好准备："只差给绑腿打结！"1870年7月16日，法国向普鲁士宣战。居易被这一冲击弄得晕头转向。他明白，在这种闪电式战争中，个人的计划得由外部事件来左右，自己是做不了主的。居易天真地相信，世界的中心突然显得如此轻飘和微不足道，就像是飘在暴风中的一束麦秆。同时代人的愚蠢已使他不堪重负。这时部队采取抽签招兵。居易不等这种方式被招募，自愿做志愿兵入伍。昨天是大学生和诗人，今天成为一个士兵。那时他正好20岁。

莫泊桑传

第四章　战争

　　居易在万塞纳市竭尽全力通过后勤兵的考试。他被派遣到驻鲁昂的第二师当抄写员。这像是闲差。但是,他的估计太乐观,不久幻想破灭。本来,人们想象向柏林胜利进军。因而,从战争一开始就应改变调门。不几天,阿尔萨斯州被侵占,福尔巴克市落入敌军手中,并从这里深入洛林州,法国主要的部队在梅斯被围。国家所有有生力量都开赴前线。居易随军行动,也卷入败兵队伍中。普鲁士部队乘胜前进,而法国败兵如鸟兽散。居易在败兵队伍中,浑浑噩噩,腰酸腿疼,两脚出血,军用皮包的皮带勒得他肩膀磨破,直不起腰。往哪里跑,什么时候才能停步? 谁也不清楚该怎么办。在这批经历一场噩梦的败兵队伍中,他看到的是一批蓬头垢面、脸色苍白、听天由命、惊慌失措的面孔,那些被动员入伍者,本是"收入稳定的和平居民",现在扛着步枪,被重量压弯了腰;机动部队拖着沉重的步伐,失去了武器;龙骑兵失去了坐骑;还有昏头昏脑的炮兵,穿着红裤子的步兵。没有旗号,没有指挥官,全是溃败之相。昨天,居易还希望能挽回局势,会出现漂亮的反击。今天,他再也不信了。在短暂休息时,他写信给躲在埃特尔达的母亲,信中写道:"在溃军中,我逃出来了;我差一点被俘,我从前哨到后卫部队,把军需官命令送给将军。我步行了15古里①路,为了传送命令,整整跑了一夜,我曾睡在冰凉的地窖石头上。我的腿都挪不动窝了。现在我还不错。"

9月2日,由麦克马洪守卫的色当,在拿破仑三世亲率下,经过激烈的战斗失守了。皇帝当了俘虏,皇后逃往英国。巴黎全城的群众愤慨万分,纷纷起来造反,政体的易帜在所难免。共和国在市政府宣布成立。国防政府仓促组阁。满怀报复的居民爱国热情高涨。居易跟着败兵们东窜西奔,精疲力竭,饥肠辘辘,心惊胆战地来到准备长期固守的巴黎。他不久就给母亲写信,给她吃定心丸。他甚至还假装相信法国没有输。信中说:"亲爱的妈妈,今天我还要给您写几行信,因为今后两天,巴黎和外地的联系可能中断。普鲁士人在我们的国土上急速前进。至于战争的结局那是毫无疑义的。普鲁士人要完蛋,他们也深知这点。他们唯一的希望是迅雷不及掩耳地占领巴黎,但是我们已做好准备予以迎头痛击。"

当时,他想的只是逃命。他不能到万塞纳去做无谓的牺牲,横尸战场。他在给母亲的信中写道:"我宁愿待在受围困的巴黎也不去戒备森严的城堡,那里普鲁士人大炮一轰,也就城毁人亡了。"他

---

① 1古里约合4公里。——译者

莫泊桑传

找到了父亲,父亲为使儿子进入巴黎后勤部门而奔波不停。居易说:"如果我听他的,那就到污水管道当看守员,那里炮弹打不着。"溃败在居易脑海中留下的记忆是耻辱、愚蠢和残暴。他看到普鲁士人和法国人的遗体陈尸遍野;有许多人被认为是奸细,只是因为某个邻居检举而被枪决;有许多奶牛为了不落入敌人手中,在田野中被屠宰……在那些撤退的日日夜夜里,他既惶恐又愤怒。战争的种种惨状,使他更鄙视无能的军事指挥员和那些应对溃退承担责任的废话连篇的政客。他厌恶这些战争罪魁,更憎恶蹂躏祖国土地的普鲁士人。德国人被杀的越多,他心中越高兴。他敬重那些为法兰西荣誉而英勇杀"德国鬼子"的游击队员和农民。他回忆这些往事,用此类题材写了不少小说。在此期间,他也和别人一样,相信巴黎能守住。

1871 年 1 月 5 日,第一批炮弹纷纷落在巴黎城。市民们好歹组织起抵抗活动。他们由于缺乏正常的供应,在食品店门前排起长队,大骂投机倒把分子,连耗子肉也当作食粮。1 月 28 日,满目疮痍、筋疲力尽的巴黎终于投降了。先是签订一项永久和平的停战协定,接着举行议会选举,当选的大多是温和派。梯也尔当了政府首脑,并与俾斯麦进行谈判。敌国要求割让洛林和阿尔萨斯的一部分,赔款 50 亿法郎。被羞辱的法兰西只好屈从。德军长驱直入,拥至巴黎。当交通恢复后,居易获准离开巴黎。莫泊桑后来写道:"战争结束了,德国人占领了法国;这个国家就像是被击败倒地的拳击手,跪在胜利者面前微微颤抖。第一列火车从丧魂落魄的、饥馑和绝望的巴黎开往新的边疆,缓慢地穿过农村和城镇。旅客们通过车门注视着满目疮痍的平原和焚烧过的村庄。"①在前往鲁昂的路上,莫泊桑瞅见普鲁士兵在仅存的房屋门前,跨坐着椅子,抽着烟斗。他心中充满怨恨。到处都是戴尖帽盔和讲德语的士兵。他对这一切都得顺受,苟延残喘地活下去。

当居易悠闲地在鲁昂、后来在埃特尔达与母亲相聚的时候,巴黎起义了。这就是巴黎公社。梯也尔命令政府和军队撤至凡尔赛。不久,起义政府胜利地在首都成立。当政府军回到巴黎来扼杀起义时,市区到处都筑起街垒。法国人在街上厮打,普鲁士人冷眼旁观。在几天混乱以后,血腥的镇压结束了这种局面。居易对人民革命不理解,不知道其动机缘由。他混同公社社员和凡尔赛分子。他看到的只是盲目的拼命和愚蠢的厮杀。难道徒然地与德国鬼子厮杀还不够吗?与这些狂热的疯子相反,他渴望和平,向往成功,热衷享乐。在休假期间,巴黎简直与他无端取闹。他坐上火车回到军营。他还要在军营待多久? 新的法令正在起草,服军役要 7 年。居易气得要死,他认为作为炮兵 21 团的普通士兵被编入部队,还不如死了干净! 他求父亲设法调动一下工作。正当他走投无路时,机会来了,别人给他找了替补者,他心甘情愿地付了一笔钱②。1871 年 11 月,他痛快地脱下军装,但心有余悸,不知道以后如何打发日子。

---

① 见《决斗》。

② 在 1871 年,应征者可由非应征者顶替,但要为此付款。1872 年,义务兵役制建立,代替了用抽签招募的办法,"顶替"的办法被废除。

第五章 职员

法国人在战败后,想的只是尽快摆脱普鲁士占领者。梯也尔为了国土早日解放,发行了债券。认购债券是全民义务。无论穷人或富人,爱国热忱十分高涨,纷纷拥向银行营业窗口。几个月时间,30亿法郎集资完成。居易是否卷入这个活动?可能性不大。他恢复平民生活以后,成天流落街头,身无分文。母亲住在埃特尔达,财产微薄,仅够维持生计。父亲情况相同,手头也拮据。然而,他答应给儿子一点补贴,每月110法郎①。居易觉得这笔钱不敷支出。他想继续读法律,嫌居斯塔夫太小气。他认为这位自私的老爹没有尽责,不帮助像他这样有才气的儿子。居易非常需要钱,而居斯塔夫却把钱花在不正经的女人身上。父子之间发生争吵。居易时年22岁,绝不是为了为难家庭要靠家庭养活,他向母亲告状,他写道:

———————————

① 110法郎补助金相当于现在1760法郎。在行政机关,职员开始时月薪145法郎,相当于2320"新法郎"。1900年前,小学教师每月平均收入为100法郎。

"我和爸爸大吵了一顿,我得马上告诉你。我给他看了本月账单,提请他注意,由于本月照明及取暖开支增加,他欠我5法郎。因为这事,他连账单都不看,还说他不能多给,再说也没用,如果我不能做到这点,该怎么办都随便,他可不管了。我是好好跟他说,这不过是取暖的开支,我当初并没有跟他争,原来说的开支只是个大概数,他早就忘了,这是他的老习惯。我说我每餐只吃一盘肉和一杯巧克力,而每天我能吃两盘肉,我在食堂里吃的是小盘的肉。他火了,说他在家里吃饭,只吃一盘肉和一块奶酪……啊!我回答说,你用这种腔调说话,你得明白,人类最神圣的法律是要爱护孩子……穷老百姓一天挣30个苏,为了安排孩子生活,没有一个人会这么干的,我不是也有前程吗?我也想结婚,也会有孩子,我也能这样吗?现在,这不就完了……永别了!我的前景成泡影了。一回到家里,我就告诉门房,说我以后不在这里住了。10分钟后,门房又返了回来,有人告诉他说我已出门了,到晚上不会回来。他听后感到十分惊讶就走了。"

为了说明问题,居易给他母亲一份账单:

"收到月生活费110法郎。

支出:

——付门房　　　　10法郎

——缝补费　　　　3.5法郎

——煤火费　　　　4法郎

——木柴　　　　　1.9法郎

——引火柴	0.5 法郎
——理发	0.6 法郎
——蒸气浴（两次）	2 法郎
——糖	0.4 法郎
——咖啡粉	0.6 法郎
——灯油	5.5 法郎
——浆洗费	7 法郎
——寄信	0.4 法郎
——30 顿午饭	34 法郎
——面包	3 法郎
——晚餐（1.6 法郎）	48 法郎
——付炉工	5 法郎
——肥皂	0.5 法郎

共计 126.90 法郎

［结转金额］

他为我支付 8 顿晚餐,合   12.80 法郎

                   余   114.10 法郎

付炉工费   5 法郎

                   余   109.10 法郎

然而,他给我为嗜好花 5 法郎。我仅有的嗜好是抽烟斗。我没有其他的消遣……我写这些细节,是因为他可能在今晚给你写信,

我想让你了解这件事。我是要坚决顶住。我不会跟他和解的。"①

居易将这封求救信写在一张从他父亲那里拿来的信纸上,上面还有伯爵的图饰,代表姓氏起首字母 G.M. 突出地印在信纸上方。事实上,居易虽气愤地揭发居斯塔夫的无能和无情,但他是希望很快和解。尽管他说了硬话,他还是需要父亲帮他找到体面的谋生职位。居斯塔夫有不少社会关系,而且他也不是一个记仇的人。为了减轻他儿子的忧虑,他唯命是从,并且拜访了许多在行政部门工作的朋友。在当时,招聘行政官员,绝大多数是靠推荐。在洛拉的坚持下,福楼拜到上层活动,并进行干预。1872 年 1 月 7 日,居易申请进海军部工作。该部人员回答没有空缺。他并不因此灰心。2 月 19 日,居斯塔夫求助于海军上将赛塞,并写信给海军部。事情成功了一半,可以补缺,但没有合适职位。海军参谋长、海军准将克兰茨很讲交情,他告诉国会议员,海军上将赛塞推荐的人可以到海军部自愿服务直至正式任命。居易先是在图书馆当差,卖命地白干了几个月,然后作为编外人员在当时属于海军部的移民司工作。这时候,还是海军上将赛塞帮了忙,居易在 1873 年 2 月 1 日高兴地得知他可以领工资了:每月 125 法郎,还有年度奖 150 法郎。这虽然发不了财,但对前途是个保障。

过了几天舒适的日子以后,这位新上任的官员就感到工作平庸和压抑,还要从早到晚坚持干。从前他喜欢旷野的新鲜空气和阳

---

① 1872 年 11 月 23 日的信。

莫泊桑传

光,波涛汹涌的大海,而现在要和俗不可耐的同事们厮混,像笼中鸟似的有翅难展。弓背抄文件、哈腰听上司训斥,难道就像他们一样?居易对这些同事观察细致、洞察秋毫。他们胆小如鼠,却诡计多端,一副奴颜婢膝相。在王宫大街庄严的海军部大厦后面,就是这些甲壳虫在混日子,等待下班的时间。在当时,居易就想到有一天要把这些蜷成一团的小职员当成写作的模型。这里面有《遗产》中的托尔斯博夫先生,他总拉袖口;还有《雨伞》中的奥雷耶先生,他老婆吝啬异常,他只得用有破洞的伞;还有诸如两手潮湿的德卡拉文先生;在老婆面前吓得发抖的布瓦万老头,负责制作副本的书记员格拉普先生,以及佩德里先生,等等。这些活典型是取之不尽的。在这些微不足道的小人物面前,居易更觉得具有知识分子的优越感。据福楼拜的外甥女卡罗琳·科芒维尔的描述,莫泊桑是一位"俊美男子,身材中等,肩膀很宽,思想坚定,他的外形使人想起罗马的年轻皇帝"。她还说,"他热爱体育活动""比较自爱"。每天早晨,当这位年轻人进海军部上班时,"就像投案自首的罪犯",他经过蓝领哨兵的前面,进入办公室与同事握手,打听办公室头头是否在那里,他心情并不甚佳,然后长吁一声坐在挤满案卷的办公桌旁的位子上。然而,他并不顶撞顶头上司。像过去在伊夫托教会学校那样,尽量装得驯服听话。部里科室评语也证实这点,这是"一位很聪明能干的年轻人,受过良好教育,大家对他很满意"。在王宫大街海军部里,谁也没有料到,这位外表谨慎、彬彬有礼的年轻人,隐藏着冷眼旁观的反叛者的真面貌。人们由于疏忽大意而引狼入室了。他厌恶行政机关和文牍,以及穿着丝光府绸衣服的官僚。如果说他愿意起草乏味的报告,唯一的原因是需要钱。巴黎的生活昂贵,而他不能再靠父亲供养。当然,在闹了几次事后,父子俩关系已重新亲近。居斯塔夫需要居易,居易也需要居斯塔夫。居斯塔夫是个老小孩,居易曾多次善意地教训过他。清官难断家务事。一段时间以来,居易的爷爷朱尔·莫泊桑在经济上已不帮助他50多岁的儿子居斯塔夫。居斯塔夫对此很恼火。他认为朱尔剥夺了他的权利,侵吞了遗产,他的儿子们有权得到它。然而,老爷子生命垂危,要求居斯塔夫赶紧前来送终。居易向居斯塔夫建议这样做,但碰了钉子。居斯塔夫说:"我不去,我不到鲁昂去。"他觉得这里大有文章。在他看来,去鲁昂,就得清偿亡人的债务。他说了"见他的鬼吧!"这样的话,想摆脱这种麻烦。居易在给母亲的信中说:"我觉得他这样干实在可笑。他这样做很不合适。"①最后,居斯塔夫在有待核实的条件下接受了遗产,并委托居易代表他参加葬礼。

居易对爷爷并无情义可谈,也不了解他。居易评价父亲行为时既鄙视又宽容。他只有对母亲能激发起深厚感情。她生活简朴,靠1600法郎的年薪维持生活,不时还能收入少量房租。居易安置到海军部工作后,她对居易的前程是放心的;而对小儿子埃尔维甚为失望,这孩子不太安分,办事不牢,性格多疑,头脑简单。他感兴趣的只是耍弄枪支,观赏花草。这孩子将来能干什么? 然而,这回是

---

① 1874年9月22日的信。

居易自己又抱怨了,他在给母亲的信中写道:"我感到十分茫然、孤独和沮丧,不得不写信向你倾诉。冬天来了,我本来就不喜欢冬天,当我孤独一人,守着茫茫长夜时,我真有点害怕。桌上的灯光暗淡,我独坐桌前,心中十分惆怅,真不知该如何是好。"他还写道:"我刚才写的信是为了自我消遣,有点像《月曜日故事集》,我给你写信并无他意,我求你将它寄回,因为对我还会有用处。"①后来,居易又向洛拉要求:"设法给我找一些小说的题材。白天在部里工作,我可能做一点事。"②

随着时光的消逝,久而久之,他确实对散文感兴趣。根据福楼拜的意见,他努力地、准确地和谨慎地写作。但是,他被幻想小说所吸引。他的第一篇小说《那只剥了皮的手》就是以对鲍威尔和斯温伯恩的回忆为题材的。这篇小说的写作明显地受钱拉·德·奈瓦尔、霍夫曼、埃德加·坡等人的影响。这篇令人毛骨悚然的作品受到作者的挚友——绰号"无边帽"的罗贝尔·潘雄和绰号"新手"的莱昂·方丹的欣赏。莱昂·方丹的表兄是《洛林穆松桥年鉴》杂志社的社长。《那只剥了皮的手》这篇小说不该在不出名的省级小杂志上发表。小说用假名约瑟夫·普律尼埃发表。居易看见自己的作品第一次发表时欣喜若狂:这是不是像舅舅阿尔弗雷德那样是文学生涯的开始? 而福楼拜又是怎么看这篇小说的呢? 他在看了这篇小说后做了个鬼脸:浪漫主义的次货。洛拉很不安,问道:"你看

---

① 1873 年 9 月 24 日的信。
② 1874 年 10 月 30 日的信。

居易能离开海军部从事文学工作吗?"尽管福楼拜并不想使"小家伙"母亲失望,还是咕哝道:"还不到时候,别做这种败兴的事。"①

居易听到这种意见,心情当然沉重,但很快又干了起来。他对写作有狂热的兴趣,决定坚持不懈地写,写一篇更长更复杂的、触及神秘事件的故事《埃拉克利斯·格罗斯医生》。这是一篇荒诞的故事,揭露的是半瓶子醋的吹牛大王,一个自吹自擂的人物形象。福楼拜觉得这题材不错。但在第18章里,当医生进入工作室时,他看到的是本人的复制品:"医生明白了,这是另一个他在转过身来,如果两个埃拉克利斯面对面对视,在复制品面前,医生直哆嗦并吓倒了。"这种对复制人的幻想,他舅舅阿尔弗雷德·勒·普瓦特万在他想到前就知道这种事情。而福楼拜也有这种想法。有这样双重关系,居易确信是走上正道。然而,《埃拉克利斯·格罗斯医生》后来没有发表。根据克罗瓦塞的老师嘱咐,这位年轻的作者决定掌握风格和思想以便进入文学社会以获得辉煌成绩。怀着这种希望,居易坚持寻找其他的小说题目。洛拉曾给过他一些小说题材,居易曾拿这些题目碰过运气。

居易在埃特尔达的母亲身边度过了两个星期如梦一般的美好生活后,重新回到部里,过那种令人窒息和平淡的生活,他在写给母亲洛拉的信中说:"我是到埃特尔达度假半月了吗? 我好像没有离开海军部,我等着这次实际上早已结束的休假……当然,在漫漫的

---

① A.伦布罗索:《回忆莫泊桑》。

冬夜里,当我在屋里工作时,我好像看见你坐在矮椅上,注视着火,像那些心想别处的人一样心不在焉……天空是蓝色的,然而,我从来没有像今天那样注意过它的光线,在埃特尔达的与在巴黎的有什么区别,我好像蒙着双眼,什么也没有看到……到海滨洗澡那有多么好啊!到处都有难闻的臭气;我觉得你那里肉铺里熏肉的香味在巴黎的街上也能闻到。我的上司比以前脾气更古怪了。这真是一个爱挑刺的官……现在是 4 点半钟,好像我憋在这里至少有 10 小时了!"①

　　要忘掉办公室的烦恼,没有比乡间郊游更美的了。1875 年 9 月 18 日,在画家、"竞走能手"马斯的陪伴下,他们到了施弗勒,并在那里过夜。第二天,他们 5 点就起床,参观古堡遗址,然后步行到赛尔奈谷,沿着河流走了 3 古里路,他俩欣赏长着芦苇的池塘,瞅着溜过身边的蛇。野餐吃的是香肠、火腿、2 斤面包、奶酪,然后他们继续游览,经过奥法尔日和特拉普,直到另一个叫圣冈坦的池塘,那里有黑水鸡和猎人。居易对这次在大自然里散心十分满意,毫无倦意。他汗流满面,流到为了好玩而留起来的胡子上。他欣快至极,浑身都是劲。在这时分,他觉得像流浪汉一样自由自在。而明天,他还得和海军部的可怜的同事们共事。他在给母亲的信中自豪地写道:"我们到了凡尔赛,马尔利港,最后于 9 点半到达夏图,上午我们走了 5 小时,15 古里,如果用公里计算合 60 公里,约 7 万步。我

---

①　1875 年 9 月 3 日的信。

们的脚都迈不动步了。"

然而,步行的业绩对居易来说并不算什么,他更醉心于划船和游泳。由于这种思想支配,在给母亲信中最后写道:"海水浴是多么愉快啊!……埃特尔达还有许多人在玩吗!"①这是发自内心的童年时的感叹!

---

① 1875 年 9 月 20 日的信。

第六章　蛙泽咖啡馆

埃特尔达,那里的生活是多么幸福! 居易只要有几个钱,就会跑到那里去呼吸几口新鲜空气。作为海军部职员,有出差任务时,他只花 1/4 的车资。在很多情况下,由于假期很短,再加囊中羞涩,只能想象做这种旅行。于是,在星期六下午和星期天,只好到塞纳河边散步聊以自慰。无法到海滨,那就只好到河边。一穿过巴黎的古堡,广阔田野中的农田和牧场就开始展现在他的面前。在阿斯尼埃尔、夏图、布日瓦尔、普瓦西等地,经常出现一个皮肤黑黑、肩膀很宽的人,他非常喜欢洗澡和划船。一到目的地,他就洗游艇,然后推入水中,使劲痛快地划,他听着水波咕噜噜地拍打游艇,闻着污泥散发的气味,还看着田鼠在芦苇中嬉闹。这静悄悄的划行似乎是对喧嚣的首都生活的补偿。他怕杂乱拥挤,憎恶熙熙攘攘的人群,似乎离群索居对身体和精神的平衡显得不可缺少。甚至在夜间,他也到河里去松动一下筋骨。他在给母亲的信中写道:"我划船、游水,我游水、划船。老鼠和青蛙也习惯于我在船头提着灯笼在夜间活动，他们是向我道晚安的。"①

居易虽然喜欢离群索居，但也不排斥打闹嬉戏。他在塞纳河畔，找到几个跟他一样酷爱水上运动和嬉戏的伙伴。不久，他们组成了五人小组，其中有罗贝尔·潘雄和莱昂·方丹。他们凑钱买了一条游船，一起用力地划着船。居易身穿一件蓝白相间的海员衫，头戴一顶英国式鸭舌帽。他非常喜欢划船，并且也喜欢和伙伴们开个粗俗的玩笑。他们在阿尔让特伊的村庄里租了一间小房子，可以休息、睡觉，或者和那些不正经的女人做爱。但居易玩得更多的是武器：手枪、剑、棍棒……小组的规矩是行动自由，说话随便。莫泊桑在《蝇子姑娘》一文中写道："我们想的就是取乐和划船，我们都做划船运动，只有一个人除外②。这五个调皮鬼简直是玩疯了，我现在想起来实在觉得是奇特的胡闹和冒险，我们现在真不可想象。"他还写道："在十年中，我最大的、也是唯一的钟情的就是塞纳河。啊！这是一条美丽的、宁静的、千变万化的和散发臭味的河流，它充满着幻景和污泥！"

在塞纳河上，这帮小伙子的游船周围，有许多各种各样的船只穿流而过，上面载着褐色胳膊的船工，还有穿着浅色连衣裙打着各种阳伞的嬉笑着的女子。船只有时停下来，船上的人到小酒馆里吃点东西，忙忙碌碌的老板会给他们吃塞纳河式煎饼、水手鱼，还有甜

---

① 1875 年 7 月 29 日的信。
② 罗贝尔·潘雄怕把船搞翻，拒绝划船。

酒、兔肉,吃起来有点辛辣,但暖肚子。在布日瓦尔的客栈里,在那熙熙攘攘的人群里,机关办公室来的职员、兴高采烈的制女帽商与涂脂抹粉的妓女擦肩而过,那里还有靠妇女挣钱的皮条客、多嘴多舌的布店伙计、袒胸露臂卖弄筋骨以引妇女注目的船夫。他们又笑又闹、又吃又喝,在桌子下面拉拉扯扯。他们还狂蹦乱舞。管乐队演奏着发疯似的马祖卡舞曲。这种走了调的演奏使观众挺开心,但听起来就像吃饱饭打嗝似的叫人难受。然后,大伙又跳起康康舞。莫泊桑写道:"一对对的男女舞伴发疯似的跳蹦着,高举着双腿直到对方的鼻子。那些雌货大腿都快扭断了,裙子飞起,露出了内衣。她们的脚敏捷地踢过头部,扭着肚子,摇晃着臀部,抖动着乳房,她们中间散发着汗流浃背女人的强烈的香气。那些男人像蛤蟆一样趴着,做些猥亵的动作。"①

在这些沿河边的咖啡馆中,居易最喜欢的是夏图附近的被称为"蛙泽"的咖啡馆,内有一个海滨浴场。这里也是印象派画家所钟爱的场所。他和朋友们常去光顾并且在很多小说中提到过这个咖啡馆:《伊夫特》《蝇子姑娘》《保罗的女人》……这是一种木排式建筑,沥青屋面,用两座吊桥贯通克鲁瓦西岛。在咖啡馆里桌子旁,围坐着一些有说有笑的顾客。旁边的一座小平台上,游泳者正在做跳水准备动作。游船停在河中,游客们和妓女们开始厮混起来。莫泊桑还写道:"这种地方玉石交辉、愚蠢和流氓习气充斥,像琳琅满目

① 《保罗的女人》。

的杂货店。这里有皮肉交易,一句话就能厮打起来。"

在这种混杂的人群中,游艇上的五个年轻人在划船兴尽之际略事休息,他们在路上带来几个女子,以调戏她们为乐。他们的游船取名"玫瑰之叶"号。这帮坐在木板上的无赖纵酒取乐,锻炼身体,说文评诗,还私通娼妓。在这帮人里,居易是头头。因为他体魄健壮,性能力强。他具有男性美,头发披上额头,鼻直颈粗、目光炯炯,相貌十分标致。自从在刮脸时被蜡烛烧了胡子后,他不留胡须,只有唇髭,亲起女人更显温柔。他是一个健壮和温柔的情人,女人一眼就能觉察。他最喜欢的是乡间漂亮小妞,她们打扮朴素、体态丰满、头脑简单。他像顾客在肉店挑排骨那样挑选女人。"女人要求权利,女人要求他的权利只有一项:取悦的权利。"与他有过暧昧关系的很多女子成为他小说的女主人公。在《蝇子姑娘》这篇小说中,这个姑娘毫不动情地与五个小伙子上床,莫泊桑写道:"她边说话边挥动着双臂,唠叨个没完,手臂在微风中挥动时,常会发出轻轻声响;并且,她说话轻率,说出来的事情常让人摸不着头脑,让人感到特别,令人惊奇。"①后来这个姑娘怀孕了,她不知道五个人中,谁是孩子的父亲。在一次落水时,她流产了。姑娘十分失望。这些划船爱好者安慰她,并说:"没事,我们可以再给你来一个。"咪咪和妮妮们贪得无厌地向居易张开胳膊。有这么一个轻薄女子,他已记不得是谁了,传给他梅毒。他对这事并不那么当回事,他在夏图桥的

---

① 《蝇子姑娘》。

小饭馆墙上,写了几行诗:

> 醉人的酒要当心,
>
> 它会在明天害人。
>
> 但更要当心路边的姑娘,
>
> 她们的温存更会伤人。

有一天,居易向罗贝尔·潘雄承认:"我染上梅毒了。真的。不是那种倒霉的淋病,教士的性病,也不是市民鸡冠状的疮,那种菜花状的。不,是杨梅疮,是置弗朗索瓦一世于死地的那种。我为此感到自豪,这可太不幸了,我特别瞧不起那些小市民。我终于得了梅毒,天啊,我不用再怕得这种病了。"[1]

居易拒绝接受治疗。他更加沉湎于酒色。他和经常来往的朋友一起创建"克雷皮蒂斯神社",在福楼拜的小说《圣安东尼的诱惑》中,克雷皮蒂斯是一个小神,以失礼行为而著名,这个社就是以他的名字命名的。该社成员骄横奢侈,荒淫无度,直至耗尽体力。在他给帕蒂−布勒的信中,他吹牛把一罐酒喝下后烂醉如泥。他还用拉伯雷式的笔调列举他的战绩:"普律尼埃[2]在这一天干了很多事,他驾船技术高超、奇妙、出色,用手划桨,把大船从布宗划到阿尔让特伊,在这只新船上还载有两个妓女。"

---

[1] 1877 年 3 月的信。
[2] 即莫泊桑。

"克雷皮蒂斯神社"很快成为"皮条客社",用爱德蒙·德·龚古尔①的话说,"这些划船夫十分淫秽",而居易是这个团体的主席,他出身的高贵荡然无存。在过这种荒淫放纵生活的同时,他还寻找莫泊桑家谱。他自傲地写信给母亲:"现在我看了旧证件,了解我们家族的详情:让-巴蒂斯特·莫泊桑,侍从官,国王的秘书级顾问和学院顾问,随员,法兰西荣誉奖和主管财政,神圣帝国贵族……"下面还列举证明这位骁勇的布日瓦尔划船者的贵族家谱中有影响的先祖名单。②

不久,他从一个极端走向另一极端,专门搞些恶作剧。其中有一次结局很悲惨,受害者是部里的一个出身低微的小职员。居易在给"皮条客社"的伙伴写信时说:"大新闻!乙号模型完蛋了!他在荣誉的岗位上殉职了,也就是在机关职员位置上,在星期六下午三点。科长问他时,他说:服务员进来时,已看见他一动不动,鼻子栽在墨水里。人们往他鼻孔里灌空气,但无济于事,他一命呜呼了……海军部的人很激动,有人认为我们的迫害缩短了他的生命……我让特派员(律师团特派员)看我的外貌是与社团('皮条客'社团)主席相配的,我回答很干脆:去你的……我想在家里打官司,这样就不会让我们预先知道他的品质很坏。死亡,死亡,死亡,这个字是不可思议和可怕的;死亡,这就是说我们再也见不到他;死亡,不说废话,就是死了。我们的'乙号模型'已不在人世了。完

---

① 龚古尔(Edmond de Goncourt,1822—1896),法国作家和文学评论家。——译者
② 龚古尔:1891 年 2 月 1 日《日记》。

了,死了,坏了,完蛋了,他只是完蛋了吗?"在发表这篇恬不知耻的悼词后,居易仿佛觉得已嘲笑了死亡。他使劲地用拇指顶住鼻尖,摇动其余四个指头以表示轻蔑死亡。因为即使自己会死,也不会放弃蔑视死亡。他需要刺激、需要激烈运动、需要简单的肉体享乐,但接踵而来的是沉重的忧郁时期。给大家带来快乐的人也在寻找寂静。喜欢与女人寻欢作乐的人觉得人间的一切是如此虚无缥缈。他看塞纳河的污水,自忖在"蛙泽咖啡馆"的厮混究竟意义何在。继之,突然而来对生存的迷恋涌上心头。他又混混沌沌,饮酒、狂笑、调戏女人。在情爱上,他不是挑三拣四的人,而是一个饕餮之徒。他饥不择食,狼吞虎咽。如果精选细挑,那些讨人喜欢的娘儿们就不可能长久相处。但是,女人的姿色刺激他的情欲。

傍晚时分,伙伴们返回巴黎。在满载旅客的车厢里,难闻的蒜味、廉价香水味、汗臭味交相混杂。在晒了几小时太阳后,旅客们神情倦怠,脸颊绯红。居易心灰意懒,返回蒙塞街2号的住所,这是底层一间小屋,只有一扇小窗朝向阴暗的小院。房中没有什么陈设,只有墙边的书、桌上的纸张使房间显得乱七八糟,房间中间还有一只剥了皮的手,那是斯温伯恩在埃特尔达给他的。这只手,他很久就挂在大门的铃绳上。如果他放弃这个令人毛骨悚然的念头,那是为了不要吓着来访这间单身汉洞穴的善良胆怯的男女们。他计算着战果,认为在18岁至40岁之间,可以轻易地占有300个不同类型的女人。①

　　返回巴黎的第二天，他不无遗憾地将划船行装放回橱中，他想从早上起得穿上男礼服，系上黑领带，到部里上班。等待他的是乱七八糟的文件卷宗，他心头压抑，向往回到塞纳河的河岸，到"蛙泽咖啡馆"，与那些吃喝玩乐的划船朋友相聚和寻找怀春的女子。但愿下个星期天天公作美、风和日丽！

---

① 参见小说《儿子》。

第七章　从海军部到教育部

随着阴雨天气的到来,划船和游水都不行了。居易只好闲居巴黎,拼命从事脑力活动。他一本书也没发表过,但已与文学界悄悄地进行接触。福楼拜在巴黎逗留期间,曾将居易介绍给他的作家朋友。他认为这个"年轻人"有才华,但在踏入文学界以前应该干点实事。他给洛拉信中写道:"一个月以来,我一直想给你写信,想告诉你儿子对你的想念关切之情。你也许不会相信,我觉得他很可爱,很聪明,有孩子气,有见识,才智横溢,一句话(用通常用语一个字来表达),讨人喜欢。尽管有年龄差距,我仍把他当作'朋友',然后使我想起可怜的阿尔弗雷德的很多事情! 每当他低头朗诵诗篇时,我甚至感到吃惊……应该鼓励你儿子对诗篇的爱好,因为这是高贵的激情,因为文学能安慰不幸的人们,因为你的儿子将来可能有才华……谁能识才? 就让我来占卜一下他的诗才……我愿看到他长期从事某种事业,这种事业不是令人厌恶的。他给我看的东西很值得印在巴那斯派诗人的诗作里……他慢慢地会有特色,自己的看问题方法和感觉方式(因为要害问题就在这里)。至于成果与成功,那是不必计较了! 在这个世界上,重要的是心灵要高尚,不要搞俗不可耐和不着边际的花架子。对艺术的崇拜会使人高尚;这么说无论如何也不会过分的。这就是我的道德准则。"①

福楼拜在信中没有说的话,那是他希望他的高足放弃诗歌从事散文。但他不强行要求他的弟子立即照办,而是按他的习惯做法指出他文风不足之处。在巴黎时,他们经常见面。福楼拜写给居易的信中说:"小老弟,今年冬天,每星期天都到我这里吃午饭。"居易受宠若惊,每星期天都急匆匆地跑到住在米利洛街的老师那里。他在那里见到了严肃的泰纳先生,体弱多病、笑容可掬的阿尔封斯·都德,老是调校夹鼻眼镜和大侃自然主义的埃米尔·左拉,性格温和、长发披肩、胡子花白的文学巨匠伊凡·屠格涅夫,还有头发灰白、留小胡子、神态严肃的爱德蒙·德·龚古尔,还有一些其他人物。在这些文坛老将中间,福楼拜的弟子是个诺曼底的棒小伙子,面色红润,身强力壮,虽有文学抱负,但还未有实绩。他洗耳恭听他们的高谈阔论,但极少发表意见。1875 年 2 月 28 日,那一天星期天,在这个小团体里,有人赞扬英国人斯温伯恩的诗的优点。居易洗耳恭听。突然,阿尔封斯·都德嚷了起来:"对了,听说他是个同性恋!去年,有人说过他在埃特尔达寓所发生的怪事!"

---

① 1873 年 2 月 23 日的信。

突然,居易大胆地插进了谈话:"这种事发生已有多年了,以前,我和他待了一段时间……"

福楼拜抓住话题,突然惊呼:"那么,你们没有救他的命?"

居易回答说:"不完全如此。"

他详细地叙述了与埃特尔达两个英国人神奇的交往。淫秽的事使听众听了挺开心。小莫泊桑的分量上了一个台阶。福楼拜心中大喜。这天晚上,爱德蒙·德·龚古尔将此事记入他的《日记》中。

由于回忆与斯温伯恩和鲍威尔的交往受到热烈欢迎,这倒使居易不断地搞些带色情的玩意。他与罗贝尔·潘雄合作,编了个色情小剧,他想,这个小剧会使福楼拜的朋友笑口常开。他在给母亲的信中表示:"我和几个朋友,在勒卢瓦尔①的画室里演了一出很淫秽的戏,福楼拜和屠格涅夫都将出席观看。别说这是我们的作品……"②这出戏的名字叫《土耳其房屋的玫瑰叶》,是影射祖拉伊特·蒂尔克的那所房子,这是《情感教育》一书结尾中弗雷德里克·莫勒罗提到的使人堕落的场所。故事发生在一所妓院里,一对年轻新婚夫妇以为到了旅馆里,结果因误会而吹台。于是,就在妓院的妓女、一个英国人、一个淘粪清洁工、旅馆侍者,还有一个饿狼般的驼子之间,因为妓院客满而发生了一系列让人啼笑皆非又非常下流的事情。福楼拜和屠格涅夫安排剧本的排练,排练在莫里斯·

---

① 即画家莫里斯·勒卢瓦尔。
② 1875 年 3 月 8 日的信。

勒卢瓦尔的家里进行,他家住在伏尔泰沿河大街六层楼。福楼拜一上楼梯就气喘吁吁,到了二层脱掉外套大衣,走到第三层脱下礼服,到第四层后脱去法兰绒背心。勒卢瓦尔写道:"这位善良的文坛巨匠身穿法兰绒背心、头戴高礼帽,赤裸着大胳膊,提着衣服来到我家。"所有的女人角色都由男人来扮演。担任演员的,除了莫泊桑外,还有罗贝尔·潘雄、莱昂·方丹、莫里斯·勒卢瓦尔、奥克塔夫·米尔伯……演员们滑稽地模仿那些品德低贱的太太,嗲声嗲气、矫揉造作,弄得观众捧腹大笑。演出准备就绪,居易开始分发请帖,请帖上注有海军部和移民部的字样。卢昂市政府顾问、福楼拜的挚友埃德蒙·拉波尔特收到了 1875 年 4 月 13 日发出的请帖,上面写着:"亲爱的先生和朋友,开幕式定在本月 19 日,18 岁以下和已失去童贞女子谢绝观看。王家包厢已由大侯爵包下。"①以福楼拜为首的行家观众,兴高采烈地欣赏这出淫秽色情的戏剧。第二场于 1877 年 5 月 31 日在花街 26 号画家贝克尔家演出,有八位穿着华丽、乔装打扮的妇女怀着享受荒唐戏的激情前来观看。福楼拜曾冒失地告诉过玛蒂尔德公主,要竭尽一切交际手腕设法阻止那些狂热的殿下出席观看。

　　如果福楼拜对这种荒诞戏剧的第一次演出看得十分开心,那是他从来也没有感到有这么一种忘却忧虑的需要,尤其在这种友谊和放任的高卢人性格的气氛中更是如此。福楼拜的侄女卡罗琳的丈

---

　　①　即萨德。

夫埃内斯特·科芒维尔是木材批发商,已陷入破产境地。出于对年轻侄女的爱,福楼拜抛弃了他所拥有的一切,但还不足以清偿债务。是否还得卖掉克鲁瓦塞的房子? 他写道:"想到没有自己的房子,那真受不了。我看着克鲁瓦塞,就像母亲看着患肺结核的孩子,他自忖:'它还能待多久?'最终分离,实在难以习惯。"①他没有卖掉克鲁瓦塞的房子,但放弃了米里罗街的套房,于 1875 年 5 月 16 日搬到奥尔唐斯大街旁的圣-奥诺雷街 240 号更简陋的房子。

　　尽管财产丧失,福楼拜继续像父亲般地关怀居易的文学起步,居易几乎把所有的手稿,不管是诗还是散文都交给福楼拜审阅。另外,福楼拜还吸收居易一起设计自己的作品,并委托他为自己正在写作的小说《布瓦尔和佩居谢》做实地调查。受到如此信任,居易受宠若惊,到处奔跑去收集恩师所要的材料,他写了一封长信,收集了埃特尔达和费康周围诺曼底海岸的地形,这里是两位主人公散步的地方。居易由于积极参与克鲁瓦塞的孤单老人的写作工作,知道严谨的文献的价值和对事物和人物直接观察的办法。他以福楼拜为榜样观察事物,收集材料,精雕细刻写作风格,紧缩叙述的内容。福楼拜对这位新弟子的勤奋、改进文风的探索深表赞许。这小伙子也许有一天会成为真正的作家。但是,小伙子对肉欲过分放纵,划船又耗费光阴。福楼拜责备他时间浪费在床笫之乐、大吃大喝和划船上。他在给居易的信中写道:"年轻人,你听着,比起这些事来,工

---

　　① 福楼拜 1875 年致卡罗琳·科芒维尔的信。

作上要更用心。我怀疑你有点游手好闲。和不正经女人交往太多，划船时间花得太多，玩的时间花得太多！你是为写诗而生，多写点东西吧！其他都是白费精力，不要贪图肉体享乐，要注意健康！把这些扔在一边吧。从下午 5 点到早晨 10 点，这些时间要贡献给诗神缪斯……你缺少的，就是'这些原则'。人家的这些话，你不听，但要听得进去，要明白事理。作为艺术家，只有一个原则，'一切要贡献给艺术'。生活对个人来说是种方法，其他谈不上，第一个要鞭策的人，应该是他自己。"①

尽管老师对他循循教诲，他仍不满足于修道院式清一色生活。再说他的多血质体质使之很难适应。他既想生活紧凑，又希望写作多产。他是一个肉体上贪图痛快，思想上有自由的人。当时，他对戏剧尤其投入。他对《玫瑰之叶》这一低级趣味闹剧不屑一顾，开始从事小剧本写作，如《旧时代的故事》《排练》，但此剧没有一家剧团愿意演出。接着他又转入大型历史诗剧《不忠贞的吕纳公爵夫人》的创作，罗贝尔·潘雄将该剧交给法兰西第三剧院（前代泽剧院）经理巴朗德，剧院借口布景和场面耗资巨大而拒绝。福楼拜阅读此剧后迟疑不决，但答应向法兰西剧院院长佩兰交涉。左拉则将此剧带给莎拉·贝纳尔。这位著名的女演员同意接受新手的剧本，并将在他面前施展全部职业才华。这里没有欺人之举。居易写信给母亲："我觉得她很可爱，甚至太可爱，因为在我走的时候，她要将

_____

① 1878 年 2 月 15 日的信。

剧本介绍给佩兰,她读了剧本,觉得可以把戏演好。"此外,她承认自己只看了第一幕,居易想:"她看了剧本吗?"总之,他怕佩兰不高兴接受此剧本,因为这个剧本是贝纳尔和福楼拜一起推荐的。居易觉得有点负疚,他后悔不该把它拿给老师去推荐。在同一封信中,他又写道:"剧本由福楼拜去推荐,到底是祸还是福?我们还得走着瞧。福楼拜是干了傻事……他犹豫过,觉得这是拆我们的墙脚。一旦涉及具体问题,亲爱的恩师就不知道该怎么办,他提要求时是想当然的,从来也不是讲实效的,他不会坚持,也不会抓住时机。总之,他不会办事,是受骗上当。"①几个月以后,居易得知《不忠贞的吕纳公爵夫人》不受法国观众欢迎。对这次失败,他只是以此为自慰,心想福楼拜和左拉和他一样不走运。

这么一来,他就又作起诗来。然后又用心写小说,并以居易·瓦尔蒙的笔名发表在《法国公报》上。领导《文学界》杂志的卡蒂尔·孟戴斯还在他的杂志里插了一首莫泊桑的诗《在水边》。孟戴斯甚至邀请作者到圣-乔治街参加星期四聚会。居易对这种恭敬十分在意,感到周围的人对他十分感兴趣,好像隐约地有了成功希望。《文学界》杂志编辑部秘书亨利·鲁戎这样描写:"他外貌并不是浪漫派的,像温柔的水手满脸通红,举止随便、谈吐自然。他说,我的名字叫坏过路人②,讲话时纯朴自然,似乎不在乎什么威胁利诱。他谈的话题局限于文学性的神学,他对这种神学的崇敬是强烈和深

---

① 1878 年 2 月 15 日的信。
② 亨利·鲁戎:《回忆录》,1904 年 2 月 15 日《大杂志》。

刻的,是福楼拜灌输的,这就构成了他的艺术信仰,它有丰富内容的故事、反对海军部官儿们野蛮的咒骂取之不尽的素材。在最后一点上,永远取之不尽。"①屠格涅夫在给福楼拜的信中写道:"可怜的莫泊桑全身的毛都脱光了,他说这是胃病。他是很可爱的,但在这个时候,他很丑。"事实上,在福楼拜弟子面前,这位俄国作家是抱怀疑态度的。乍一看来,这位野心勃勃的年轻人不像有远大前程。在一次友好的集会上,屠格涅夫把莱昂·埃尼克拉到一边,并走过去耳语:"可怜的莫泊桑,多可惜,他难以发挥才华!"然而,可怜的莫泊桑在卡蒂尔·孟戴斯的圈子里走动很勤,并经常碰到马拉梅、莱昂·迪尔克斯、维里昂·德·李尔-亚当……他经常参加文学聚餐,客人们觉得他是可爱、有趣、不讨人嫌的人。他在《民族日报》写了一篇《从文学论巴尔扎克》,还有一篇《16 世纪的法国诗人》。就结果来说,这些研究与努力不成比例。他在 26 岁时投入文学界活动,当时他并非其成员,也不为公众知晓。卡蒂尔·孟戴斯对居易评价越来越高,建议他成为共济会的成员。尽管居易想讨好这位年长的同行,居易是把他当成想装救世主的魔鬼。居易躲避开了。他在给卡蒂尔·孟戴斯的信中写道:"亲爱的朋友,我不想成为共济会会员的理由:一是一旦人们进入某个社团,特别是有某些意图,尽管是无害的,但入会者总得强制服从某些规章,得允诺一些事情,这样就等于脖子套上枷锁,即使再轻也是令人不快的。我是喜欢平等相处的

---

① 1877 年 1 月 24 日的信。

人。二是如果事情既有定数,那就必然如此。——我会觉得几乎一下子就会受到家庭大多数成员的排斥。如果这样做有损于我的利益,那就是有害无益的。出于私心、恶意或是折中主义,我不愿意与任何政党、任何宗教、任何会社、任何学派发生联系;我也不会参加任何鼓吹某些学说的会社;不会向任何教条、权势低头哈腰,这样做只是为了保持我能批判它们的权利……我害怕锁链,不管它是某种思想驱使或是哪个女人指使。"①

　　这个骄傲的答复证实居易独立的意志,藐视使福楼拜欢欣的巧计。福楼拜不断地通过朋友进行交涉,想把他引入新闻界。其目的只是为了使"小家伙"在新闻专栏占有位置。但是所有位置都被占了。居易只得偶然东敲西打地干点活儿。一段时间以来,他这个塞纳河边的运动员抱怨头疼和眩晕。1877 年 8 月,他希望政府给两个月假期以便到瑞士瓦莱州洛埃斯勒班去休养治疗。这是他第一次离开法国。他利用旅行到处寻医问药并逛了沃苏勒的窑子。福楼拜在得知他的放荡行径后,叹息:"荒唐透顶!"在洛埃斯,居易进行精心治疗,并以习惯敏锐的目光观察风景和人物。在小说《在水上》中,他回忆了这次经历,并追想在瑞士海水浴疗养地,在特别气氛下的一次短暂的爱情关系:"大家直接从房间里走到游泳池,那里已有 20 个洗澡者穿着毛织长袍泡在那里,有男人也有女人。有些人在吃东西,另一些人在阅读,还有人在聊天。有人将活动桌子推

---

① 1876 年的信。

到他们面前。有时他们还玩传环游戏,这种玩并不总是适用的。"

居易回到巴黎时,气色很好,但知道自己并未治愈。办公室的工作使他厌烦,而事业一无所成。在他周围,有的年轻人发表了作品,并受到欢迎。他想,他自己却停步不前。然而,他对个人前途已打定主意,要从事文学工作。他在给一位文坛新手——热衷于自然主义的保尔·亚历克西的信中说:"我不信自然主义、现实主义或者浪漫主义。在我看来,这些字眼没什么意义,不过是气质相反的人的争吵而已⋯⋯如果我坚持一个作家的观念始终是正确的话,那是因为我相信这是他的表现方法的需要,而他的表现方法是有特色的和出色的⋯⋯通过作家看到的事物必将有自己的特色,有它的形式并加以扩大⋯⋯为什么要缩小呢?自然主义和幻想一样都是有局限性的。这封信别出我们的圈子,如果你把它给左拉看那就糟了,他是我衷心爱戴和深深敬重的人,因为他可能会为此而难过的。"[①]

他拒绝参加某种文学学派出于对自由的渴望,这和拒绝参加共济会支部是同样的出发点。这时他还没有以自己名字发表过一篇作品,可是他已经教训起别人来了。福楼拜的亲切的信任足以使他认为,居易·德·瓦尔蒙这位业余作家头脑里有宝贵的东西。在幕后诋毁左拉自然主义的居易,却参加到《小酒店》作者的文学小圈子里。在报刊上,围绕这个运动有点损害了文学自由的原则。1877年4月16日,保尔·亚历克西,亨利·塞亚尔,莱昂·埃尼克,J.K.

---

① 1877 年 1 月 17 日的信。

于斯曼,奥克塔夫·米拉博和居易·莫泊桑邀请福楼拜、左拉和龚古尔到圣-拉扎尔车站附近的特拉普饭店吃饭。在居易·德·莫泊桑的再三坚持下,决定请福楼拜赴宴。这个克鲁瓦塞的独居者福楼拜面色红润、眼珠突出、长着长长的胡髭,一边笑着,一边低声埋怨现实主义和自然主义作品废话连篇。但年轻人对他真挚的崇敬使他感到欣慰。从4月13日开始,《文学界》杂志就宣布了这次宴会,组织者是"6位年轻的自然主义的崇拜者,他们将成为名人",他们来庆贺福楼拜、左拉和龚古尔三位大师。该刊记者甚至还列了一份异想天开的菜单:"包法利酱泥汤""爱里沙姑娘鲑鱼肉的鳟鱼""圣-安东尼块菰鸡""心灵美南瓜""古柏葡萄酒""小酒店白酒""正宗自然主义派"。为了使玩笑更增添风趣,这位记者还说:"居斯塔夫·福楼拜先生和他的几位弟子还指出,还缺迦太基式鳗鱼和萨朗波式鸽子。"①为了给事件造声势,保尔·亚历克西以蒂尔斯特笔名,在《巴黎钟声》杂志上假装很气愤地谴责这六个狂热分子"要威胁到坑害别人",而且很可能"造些孽种"。这一手对这几个刚入门的作家是很有利的,他们的想法就是跟长辈作家在特拉普饭店搞一个象征性的集会。这几个新手昨天还不被公众所承认,而现在在新闻报刊扬名,成为新艺术的佼佼者。爱德蒙·龚古尔在他的《日记》中写道:"今天晚上,于斯曼、塞亚尔、埃尼克、保尔·亚历克西、奥克塔夫·米拉博、居易·德·莫泊桑,这些现实主义和自然主义的年

---

① 上述的菜单中,均冠以3位作者的作品名字,《包法利夫人》《萨朗波》《圣安东尼的诱惑》均为福楼拜作品。——译者

轻作家把我和福楼拜以及左拉称作当代三位大师,宴会是在极其亲切和愉快的气氛中进行着。这是一支正在形成的新军!"①

这次知识分子的喧闹事件也在海军部产生了反响。在办公室里,没有人不知道居易·德·瓦尔蒙和居易·德·莫泊桑是一个人。而且,从此以后就把他当作自然主义派作家,被认为左派。而王宫大街,他被认为是站在右的方面。事实上,居易自认为自己既不是左又不是右。他和福楼拜一样,是一个有反叛精神的个人主义者,一个资产阶级无政府主义者。他显得过于傲慢,难以接受"左拉先生们"的集体绰号,这是人们给新学派信徒们戴的桂冠。他瞧不起那些掌权人物,不把他们的空话当真。

1877年春天,法国发生了一件轰动一时的事件。共和国总统麦克马洪元帅揭露了议长朱尔·西蒙的自由倾向,总统与议长间的矛盾从此公开化,议会被解散,重新进行选举,通过选举反对派仍占多数,获120个议席,尽管选举结果对他不公,麦克马洪仍不辞职。在给福楼拜的信中,居易咆哮:"这种政治使我没法工作,出不了门,无法思考,无法写作。我像那些本来漠不关心的人那样,也变得慷慨激昂,像那些本来平心静气的人那样,变得满肚子火。巴黎生活在凶暴狂热中,我也染上了狂热:一切都停顿和休止了,就像天崩地裂,我不会笑了,确实怒火填膺……怎么办! 这位将军过去靠愚蠢和走运打过胜仗,后来接连打了两次败仗而使他在历史上留名,他

---

① 龚古尔:1877年4月16日《日记》。

莫泊桑传

还想单枪匹马再干一回，像第一次那样走运，像马让塔公爵、雷施索芬大公、色当大公之类各位，谁有权利这么称呼，或者，假借国家遇到危险，一批傻瓜要那些比他们聪明的人来统治，这种危险使穷人们破产（他们是唯一的受害者），使智力劳动停顿，激怒了过和平生活的人，刺激内战，这种情况就像西班牙斗牛场里被激怒的可怜的公牛！……我要求取消领导阶级；这一伙衣冠楚楚的蠢货就知道拜倒在那些虔诚和野性十足的老婊子的石榴裙下，这就是人们所说的有德行的社会。他们数典忘祖，……还嘟嚷什么社会处于危难中，自由思想威胁他们。"①

在海军部里，大家对这个在卷宗面前打哈欠的业余职员颇有非议，他只是等待时间，溜出办公室以变成居易·德·瓦尔蒙。1877年，上级对他的评语颇为严厉："一个聪明的职员，有一天可能很有用。但他萎靡不振、无精打采，我怕他的爱好和天资会使他离开行政工作。"在周围同事日益增多的敌意面前，居易没有想到辞职（这是出于安全考虑！），而是想换个工作。他向母亲抱怨："科长把我当条狗……他不承认我病倒了……我能被允许在新年这天去看你正是在与他大吵一顿以后才得到的，复活节差点得不到休假……有一天，我头痛很厉害，我向副科长请假，他允许了，于是回去睡觉。第二天，科长把我叫去，说我不把他放在眼里，说我没有病，说我挺好，有一点头痛不能离开办公室。"②

---

① 1877 年 12 月 10 日的信。
② 1878 年 1 月 21 日的信。

这时恰好碰到政府更迭,福楼拜的挚友阿热诺尔·巴尔杜被任命为公共教育部长。居易利用机会向老师提出,希望高层干预,把他从海军部调到教育部,他可能更适合那里。为了使福楼拜能快点动作,他求母亲给老头子写封"感人肺腑的信"。他在给洛拉的信中说:"我的处境不怎么妙,漆黑一团,可怜可怜我……现在没什么别的事可求的,但是要谢谢已答应我要做的事,并说这个希望会使我充满欢乐。"①洛拉马上照办。她在给福楼拜的信中写道:"既然你说居易是你的养子,亲爱的居斯塔夫,请原谅,我当然要跟你谈谈我的孩子。你在我面前表现出来对他的体贴关怀是如此亲切,所以我在信里谈及,现在我想你应尽近似父亲的义务。我知道你已知道这件事,可怜的部里小职员已向你谈了他的苦衷。你对他总是非常好,你安慰过他,今天他希望你讲几句好话,那他离开那个监牢的时刻就快了,他可以高高兴兴向那个看守监牢大门的可爱的科长说再见了。"②

福楼拜在涉及"小伙子"前程时,总是会帮忙的,他向阿热诺尔·巴尔杜陈述居易难处并介绍了他的突出优点。这位新部长生性可爱,但常忘事,他答应办,但迟迟没动手。居易对办事迟缓心急如焚,很是失望,也很恼火,于是追着福楼拜。在王宫大街海军部,居易的上司听到一些风声,对于他竟敢调换工作感到非常生气,对他就更惩治得厉害。他被派到准备预算和结算港口账目科,烦琐的

---

① 1878 年 1 月 23 日的信。
② 1878 年 1 月 23 日的信。

账目压得他透不过气来。他的科长折磨他,使他没有一分钟的空闲时间来写文章。他的职责就是成天在公文纸上没完没了地抄抄写写,他十分恼火。他给福楼拜的信中,周复一周,信中调门更为悲伤:"部里的工作使我恼火极了……我没法干了……从早到晚,加加减减,弄得筋疲力尽……一天又一天过去了……跟一个傻瓜同事和动辄训斥的科长共事,日子是多么漫长和凄凉。我与那位科员已不说话,对科长也不搭理。这两个人都瞧不上我,我觉得他俩都不聪明,这使我感到欣慰……巴尔杜先生那里没有什么新消息吗?"[1]还有这么一封信:"我们这个部慢慢地在摧残我。7小时行政工作以后,想起压在心头的烦恼,精神已不能松弛。我本想给《高卢人报》写几篇东西好挣几个子儿。我不能,也写不出一行字,我真想趴在纸上哭。"[2]他还为母亲的疾病感到不安,她有心脏病,还有视觉障碍。他还说,至于我的健康,简直糟糕透了。然而,照他看来,梅毒算不了什么:"医生说我身上还没有梅毒,但有全身性风湿病,首先侵入胃部,其次是心脏,最后是皮肤。我要做盒式蒸气浴,但至今还未进行。"[3]

在强咽"苦味浸剂、糖浆、矿泉水"的同时,星期天他还到塞纳河划船。每次划船之后,总是以和女人睡觉完事。他对猎取女人感到骄傲,还向福楼拜吹嘘他的风流艳史。

---

[1] 1878年7月5日的信。
[2] 1878年8月21日的信。
[3] 1878年8月21日的信。

1878 年 9 月，福楼拜到巴黎参观展览会，他再次到部长那里。他与阿热诺尔·巴尔杜关系越来越友好，部长请他吃饭，并向他重申允诺。但只是口头上的客套性允诺。下个月，居易到埃特尔达看望患病的母亲后，到克鲁瓦塞看望福楼拜，他们聊到深夜，福楼拜亲切地以"你"相称呼，这是崇高的荣誉。他说："这位大师穿着宽大裤子，腰间系着丝带，身上穿直拖到地的睡衣。"第二天，居易参观小王冠村的高乃依故居。尔后，他带着沉重和遗憾的心情回到王宫大街。这次旅行后，他已囊空如洗，他为了维护身体买的药价格很贵。他在写给福楼拜的信中说："钱仅够维持生计，付房租、成衣费、鞋子、女佣、洗熨衣服费、伙食，靠的就是每月 216 法郎，剩下供我花的也就只有 12 到 15 法郎了。"①

　　突然，事情有了一线希望。1878 年 11 月 7 日，福楼拜向他的弟子宣布："卡罗琳写了这样几句话，我转告您：巴尔杜先生本人正式说，他最近要和居易联系。"他建议居易去找阿热诺尔·巴尔杜办公室副主任格扎维埃·夏尔姆，去讨个这件事的信。居易立即前往并受到礼貌接待。但夏尔姆只是说："部长先生要稳当行事……别过多打扰。当事成后，我会通知你的。"②居易写给福楼拜的信中说："我看来有点渺茫。"而三天以后，又写道："我的处境已无法容忍。科长知道我要走，已告诉主任，我的继任者已经任命。因而每天早上都问我：您什么时候走？怎么办？"但是人们已谈到过教育部长可

---

①　1878 年 11 月 4 日的信。
②　1878 年 12 月 2 日的信。

能倒台的事。如果巴尔杜不当部长,那居易最后的机会也就烟消云散了。他只好坐在两张椅子中间,听头头们的训斥了。他又写信给福楼拜:"我满头被泼上屎,处境尴尬,其苦难言。我成天泡在巴尔杜先生的接待室里,面也见不着,也得不到任何答复。夏尔姆先生每天都对我说:'等着吧,您的事我会跟他说的,明天再来,您会得到最终答复的。'而我每天得到的都是含糊的答复。海军部的年终奖金都没有我的份,晋升的希望,在很长时间内,甚至十年后也不会有,教育部的人在笑话我……我身无分文,除非跳塞纳河,或者跪倒在头头脚下,这都差不多,我已经没路可走了。"①

最后,决定来了,像炸弹爆炸似的:居易·德·莫泊桑被任命为教育部办事员。王宫大街里,他的科长恼火之余,强抑愤怒:

"您离开这里,没有通过正式途径! 我不答应! ……"

"啊! 先生,您是没有允许,这事情超越过您,那是通过部长们的!"居易镇定自若地申辩。

科长给主任的内部评语使此案卷画上句号。"德·莫泊桑先生辞去海军部职员职务到公共教育部工作,我不想说我对他的评价会对他服务方式有用。"②

居易一旦知道调动的消息,立刻跑到格雷内尔街公共教育部,那里有他的热心朋友、作家亨利·鲁戎。

"我总算从海军部逃出来了! 我们成为同事了! 巴尔杜叫我到

① 1878 年 12 月 7 日的信。
② 1878 年 12 月 19 日的信。

他办公室去！这真好。"他很镇静地进入办公室。

鲁戎说："为了我们的友谊，就围着桌子跳个舞吧！我们得表扬文艺保护神巴尔杜，我看莫泊桑应该骂海军部领导们一顿以作为告别的方式。"

于是，居易在格雷内尔街一间富丽堂皇的办公室安顿下来了，"从办公室里能见到花园"。但是他还有些心神不定，他在给福楼拜的信中写道："只要巴尔杜当部长，我经济收入会好一些。工资1800法郎，办公补贴1000法郎，每年至少还有奖金500法郎；但是如果他马上下台，那就什么也没有了。"后来，又给福楼拜写了封信："当我在海军部工作时，有一张交通票，坐火车只需付1/4的钱。到鲁昂来回票花9法郎。今天，坐二等车厢36法郎，对每天平均费用只有4法郎的人来说，这是笔大数目……总之，开支情况要月底才知道，我希望月底能看您去，和您待一天。"①

因此，虽然他对事情办成颇为满意，他对新工作能否牢靠并没有把握。他怕的是受政治动荡的影响。此外，他认为付酬太少。他刚到盼望已久的工作单位，就写信给"帕蒂-布勒"（莱昂·方丹）借60法郎。这个友好的请求署名居易·德·莫泊桑，还附占了很大篇幅的引以为荣的头衔："公共教育、宗教、艺术部部长办公室专员，专门负责部长通讯、宗教、高等教育和会计行政工作。"②

作为这光荣称号的补偿，他就有义务在办公室工作到下午6点

---

① 1879年2月18日的信。
② 1878年12月的信。

半,甚至星期天早上要工作到中午。但是,在这时,划船的吸引力已不大。空闲时间,他致力于写作。由于福楼拜的推荐和关照,他得以用各种笔名(居易·德·瓦尔蒙、约瑟夫·普吕尼埃、莫弗里涅兹),在各种报纸杂志发表纪实文章和诗歌。1876年10月22日,他在《文学界》上发表一篇研究他老师的文章,借以表达对他的谢意。福楼拜对此深为感动,并立即回信,信中说:"您以亲子之情对待我。我的侄女也为您的文章感到兴奋。她认为这文章很好地写了她叔叔。而我也是这样想的,但我不敢这么说。"①

现在,福楼拜在庆幸将小伙子"安排"在公共教育部以后,对居易干一些徒劳无益的工作感到惋惜,认为他该从神圣的诗人天赋中改变一下方向。他在信中写道:"对公共教育部来说,好的诗句并不比你干的严肃的工作更为有用!"居易很同意这个意见。但是,他已经脚踏实地地干起来了。作为真正的诺曼底人,他在盘算、琢磨,不想使它成为泡影,只要在文学上没有获得显著声誉,他不愿放弃部里的工作。忍饥挨饿,愁思重重,这不是他这个天才的本性。他野心勃勃,既要名声也要金钱和女人。他要抓紧时间征服世界。如果福楼拜仅满足于克鲁瓦塞的隐居生活,他在生活面前却壮志未酬。

---

① 1876年10月25日的信。

第八章 《羊脂球》

　　居易刚到格雷内尔街教育部办公室,麦克马洪元帅就辞职了。他的离职意味着"道德秩序"的结束和共和派的胜利。朱尔·格雷维入主爱丽舍宫,朱尔·费里到格雷内尔街当教育部长,接替阿热诺尔·巴尔杜。这次政治动荡,居易的行政生涯并未受到影响,因为他的朋友亨利·鲁戎当了新部长的办公室主任,1879 年 2 月 1日,他被任命为格扎维埃·夏尔姆秘书处的专员。夏尔姆年纪不比他的合作者大,和蔼可亲,待人彬彬有礼。但是,他要求多做工作,经常出勤,居易再次感到难办,他在给福楼拜信中写道:"我与主任夏尔姆关系很好。我们几乎是平等相待,他给了我一个很漂亮的办公室,但我归他管;他把他的一半工作交我办;从早到晚,我东跑西颠、抄写,没完没了。我是一个物件,听从电铃召唤。简而言之,我再没有像在海军部那样自由自在。只是我俩关系友善,这是唯一优点,而办公室也不怎么叫人心烦。"①只是有这么几回,格扎维埃·夏尔姆想叫秘书起草有关科学、艺术、文学等方面的一些较复杂的报告,居易躲开了。居易对仕途置之度外,既不玩命也远离最琐碎的事务工作。这么一来,至少思想上是自由的,可以思考自己的作品。他的上司评价他"正派""恭敬",只是缺勤太多。

不久以前他搬了家,现在住在繁华的红灯区克罗泽尔街② 17号。这是两间一套住房,有过道和厨房,他把家具、书籍、旧地毯,还有那只剥了皮的手搬了进去。他的朋友说,他的房子像"布雷达街③的蜂巢"。居易整天和妓女鬼混来消磨时间。他与妓女们关系很好。有时候,这些女人的嫖客走错了楼层,到他门口敲门,这就使他想起《玫瑰之叶》里的笑话。但是,现在有另一个戏剧计划在构思。巴朗德经过长期的犹豫,决定在法兰西第三剧院上演他的小诗剧《旧时的故事》。居易将这部小作品献给卡罗琳·科芒维尔以取悦福楼拜。第一次上演时,观众反应颇佳。居易在给福楼拜的信中说:"我的戏剧很成功,比我想象的还要好,拉波梅拉伊、邦维尔、克拉尔蒂都很高兴;《小报》说很好,《高卢人报》说挺好,都德说阴险毒辣……左拉没说什么……此外,《连环画》使我放心,没在我的戏里有足够的自然主义表现,在演出成功后没有人与我握手。左拉和他的夫人热烈鼓掌,后来还向我热烈祝贺。"④

---

① 1879 年 4 月 24 日的信。
② 1930 年,有人在克罗泽尔街 19 号房上钉了一块纪念牌,令人感到奇怪。
③ 布雷达街地处当今弗罗肖街和亨利-莫尼埃街。
④ 1879 年 2 月 26 日的信。

总的来说,左拉一家和居易的关系是比较友好的。他经常到梅当去,荣幸地成为饭桌上的客人。他喝得很多,并讲一些难以置信的故事,这使头发棕色和严肃的左拉夫人抿紧嘴唇。他和主人讨论文学,几乎是平等相待。左拉想购置一条小游船,居易承担为他寻找船的任务。他在给左拉的信中说:"为家庭使用最常用和最好的船是挪威式轻便船。我见过4条这种船,有名船厂制造,但要价260至450法郎……在阿尔让特伊,有人建议我去订购一条,只要200法郎,但至少要等3个星期……现在我已找到一条叫赶鸭船的船,长5米,宽1.35米,但我不知结实否。船上没有边木;船很轻巧也很好看……价格是170法郎,我想要把它卖掉一定不会赔钱。如果您决定买一条赶鸭船,制船厂在送去前涂一层漆。"①

左拉挑了一条赶鸭船,花了170法郎,居易亲自驾船送到梅当。大家决定用左拉新小说女主人公名字命名"娜娜",因为居易说"大家都将攀上它"。关于这些友好的聚会,莫泊桑曾带着乡情做这样的描写:"吃饭时间很长(因为我们都贪吃和全是美食家,左拉像其他三个普通小说家一样,独自一人用餐),我们聊聊天……有时,左拉用他的近视眼摆弄枪支,边说话边对草丛射击,我们向他保证那是鸟,但令人惊奇的是找不到其尸体。有时,大家去钓鱼……而我留在'娜娜'号船上,或者,跳下水去洗澡了。"虽然他很尊重他著名的同行,但对自然主义却开始怀疑。他在这种主义里看到一种系统

---

① 1878 年 7 月 5 日的信。

的强制力,因而这是危险的,是强加在小说家的构思中的。他在写给福楼拜的信中说:"您是怎么看左拉的? 我是觉得他绝对是疯了。您看过他论雨果的文章吗? 看过他论当代诗人和他的小册子《共和国和文学》吗?'共和国将是自然主义要不就不是共和国。''我不是学者。'(仅仅是这样,多么谦虚!)'社会调查'。人类资料。一系列公式。人们可以看到书的背面写着:'根据自然主义公式写的小说'……这真是金字塔式的庞然大物……可大家别笑!"①

　　但是,福楼拜的高贵朋友玛蒂尔德公主对居易的小剧本却很感兴趣,希望由演员玛丽-安琪拉·帕斯卡在她客厅演出,并邀作者出席。不过,40多岁的帕斯卡因爱情失意而不能演出。居易嚷嚷:"他妈的,女人都是畜生!"幸好,到1879年5月,理想的演员的悲伤似已减轻。人们可以指望她演戏。玛蒂尔德公主向年轻作者发了一封亲切函件指明其意图。居易在市井女人面前总是自充好汉,这回倒胆怯起来,请教福楼拜指点上流社会的规矩。"我该怎么做? 写信还是拜访? 习惯的做法是怎样? 在两种情况下,有什么要注意的? 写信时,用什么方式? 夫人,或公主夫人,殿下? ……说话时用'殿下'吗? 第三人称好像是'仆从方式',但怎么办? '殿下'并不是令人惬意的,像是称'你'一样较亲切。是不是用公主夫人,请速告。"②福楼拜从远方提了意见。居易在公主的沙龙里受到接待,公主对他很友善。演出时观众有限,但取得满意的效果。

---

① 1879年4月24日的信。
② 1879年5月15日的信。

不管是左派还是右派，从此以后都不敢小看居易。左派是左拉，右派是朱丽叶·亚当。福楼拜为了助其一臂之力，向《新杂志》女社长朱丽叶·亚当介绍他弟子的最近诗作《田园维纳斯》，他在信中说："我相信他有文学前途，在巴那斯派诗坛上是有名气的。"①尽管有这种推荐，诗人仍被拒绝了，朱丽叶·亚当建议年轻的作者读读特里耶诗作以求得启发。真是愚蠢透顶，福楼拜在给居易的信中说："这就是所谓报刊！天啊，天啊！特里耶的诗能做范本！人生是多么艰难沉重，这不是到今天我才觉察到的。"②

　　对弟子的打击震动了福楼拜，使他感到如同自己也受损害。这位克鲁瓦塞的隐士，这几个月的日子是艰难的。由于没有收入，他只好接受以居易为首的一些朋友的规劝，接受了马扎林图书馆编外馆长的职务。这个职务完全是荣誉性的，既不用上班，也不必住在首都，每年可领到3000法郎。他写道："就这么着！我让步了！我不妥协的自尊心抵抗到如此地步！但是，唉！我快饿死了，或者说差不多要饿死了。"③当居易到他隐居所访问时，福楼拜请求居易帮助他烧毁旧信件。晚上，火焰在壁炉里熊熊燃起，照亮了福楼拜的秃额、沉重的脸和满含泪水的眼睛。在壁炉柴架上，一堆堆的纸在蜷缩，在变黑。这种奇怪的仪式持续了几小时，其间夹杂着叹息和表示遗憾的言语。这位老朽和心碎的老人，精选他的回忆录，让过去烟消云散。这时，居易也

---

①　1879年11月25日的信。
②　1879年12月3日的信。
③　1879年6月初的信。

体味到人间光荣的渺茫！迷茫之余，他觉得人生得意须尽欢，这位老人是除母亲以外的世界上最亲近的人。突然，福楼拜扑向系着带子的手稿堆里。他打开纸包，发现了一双小舞鞋，里面还有一块手帕和一朵凋谢的玫瑰。居易写道："他吻了吻这三件纪念品，心酸地叹息，然后把它们烧了，并擦了擦眼睛。"

居易怀着忧虑的心情离开年老的老师回到巴黎。一个新奇的消息等待着他。法兰西学院要为他授勋。他虽然瞧不上勋章和荣誉之类的东西，但他还是带着较满意的心情接受了它。但是，又一次天空布满乌云。《现代自然主义杂志》刚发表了他的一篇诗篇，题名《女孩》，署名居易·德·瓦尔蒙。这不是未发表的作品，三年前在卡蒂尔·孟戴斯的《文学界》杂志上曾以《在水边》题目发表过。然而，出版《现代自然主义杂志》的埃唐普省副省长以丑闻罪名向司法当局告发。于是，审讯开始。居易感到恐慌，自忖这件轰动案件是否会影响在部里的职位。此外，他还害怕会禁止出版他的集子《诗选》，里面包含有被控的诗篇。福楼拜曾热心地将它推荐给夏庞蒂埃夫人，他在信中说："我坚信，这位莫泊桑是很有很有才华的！这是我向您保证的，我对此书知之甚详。总之，这是我的学生，我像对待儿子那样爱他。如果您的妻子不信这个，那我会怨恨她的，这是真的。"①

面对这种灾难，居易又为这种突发事件向福楼拜求助。当然，

---

① 1880年1月13日的信。

告诉福楼拜也是有点局促不安的,他个人烦恼已很多。但谁也比不上《包法利夫人》的作者,他在24年前,也因同一罪名被控,莫泊桑想,他不会不帮助自己。①

1880年2月14日,居易到了埃唐普。预审员说明了指控原因。他被指控"侮辱公共道德和宗教道德,伤害风化"。在这段时间,《现代自然主义杂志》还发表了题为《大海》的另一篇诗作,这在司法当局看来,是否会使事态更严重。回到家里,他给福楼拜写信:"我因为有伤风化和公共道德被起诉,这是因为诗作《在水边》。我到埃唐普并受到预审的讯问。这位法官很有礼貌,而我相信并未干过蠢事。我被指控,但是他们对审案有点犹豫,因为我像疯子一样辩护。并不是因为我(我疯狂地维护我的公民权),而是因为我的诗作,真他妈的! 我要竭尽全力辩护,不同意放弃出版。现在,部里对我感到不安,我要用一切办法以获得不起诉的决定。"

为了达到这个目的,居易对正式提出诉讼迟疑不决。他知道福楼拜很讨厌在大庭广众中出头露面,不愿在报刊上大张声势、吵吵嚷嚷。但这与他前途有关。他低着头,单刀直入地说:"我刚才请您帮个大忙,请原谅我因这种倒霉事情占用您的时间和工作。我多么希望您能给我写一封令人鼓舞、富于哲理的慈父般的长信,谈谈文字诉讼案有关道德价值的高尚思想,您干预过热米尼家事件,他被判过刑,尔后他解脱了,您因此声名大振。我希望从文学观点、道德

---

① 波德莱尔也曾因为在1857年出版《恶之华》一书,因同样理由受到法庭传讯。

观点(艺术道德观念并不只是美)和爱的观点谈谈我的《在水边》那篇小诗。这是我的律师朋友建议我这样做的,我相信这样做很好。为什么要这样做:这封信将登在《高卢人报》有关我的诉讼案文章上。这封信将成为辩护词,同时成为我的辩护人的答辩书。您的情况是很特殊的、独一无二的,一个天才为一本杰作而受到起诉、很艰难地宣判无罪,因而获得光荣名声,最终成为无可指责的大师,并被各个学派所接受,有这样的人给我撑腰,我的律师想,只要能公布您的信,事情就会很快平息。这篇东西应立即发表,它就会像老师对弟子的及时的安慰。现在,如果这样做使您有些不快,那我们就不再谈及了……我现在是在做自我辩护,我生活困难,既无家庭支持,也无社会关系,也不可能花大量金钱请大律师……"

居易怕福楼拜还未弄明白,又指明:"我要您的长信,就是说写两至三页信纸:只是影响报刊为我说话并能登在报刊上。我将对我的朋友的那些报刊施加影响。亲爱的老师,深深地拥抱您,我还请您原谅。谨致子女般的问候。居易·德·莫。"为了表示歉意,在封信时,又写了几句附言:"您的文章在报上发表这事,如果使你讨嫌,那就别寄给我。"①

在收到这封求救信以后,福楼拜一分钟也没迟疑。他一方面咒骂又得花笔墨功夫,同时思忖战斗计划,他告诉居易:"亲爱的,你要的信,我马上就写,也许要花一天工夫,也许一个晚上。因为首先要

① 1880 年 2 月的信。

思考一番……这可能惹翻审判官先生们,他们将会报复你……我尽可能一本正经地写。"①他首先列了居易该找的一张官方人士名单,使他们能为他的事施加影响。他自己写了一些他认为最有影响的人物。在这些保护者中,鲁昂市参议似乎是地位很高的。他向居易承认:"由于拉乌尔-杜瓦尔,市检察长将事情解决了,你也不会失掉位子。"②为了给他打气,他还引用自己打官司的经验:"那场将我大肆宣传的官司,我获得 3/4 的胜利。"③尽管老头子勉励他,居易还是挺不放心,也很伤心:"我想我可能丢掉职位,只好到大街上游逛,这可惨了。从各种权威渠道得来的不同消息的人告诉我,我肯定将被判刑。当然,这里是从不好方面来的消息。有人向我证实,这是来自亚当夫人沙龙的消息,我是一个牺牲品,为的是指向左拉。"④

1880 年 2 月 21 日,《高卢人报》终于发表了福楼拜致其弟子的信件:"我们不得不做什么? 该写什么? 如何发表作品? 我们是生活在多么愚蠢的环境中啊! 太阳一样的诗篇像一朵插在牛粪上的鲜花。那些视而不见的人真是糟糕透了。"福楼拜对复仇性书简并不满意,他说,这封信是"驾驭车的马匹的风格"。但是其影响立刻就显现了。一个星期以后,诉讼停止,预审法官签署不予起诉决定。居易在感谢之余,将使法官却步的功劳归于福楼拜一人:"亲爱的老

---

① 1880 年 2 月 15 日的信。
② 1880 年 2 月 17 日的信。
③ 1880 年 4 月 19 日的信。
④ 1880 年 2 月的信。

师,真谢谢您,由于您的雄辩的信件和有力的干预救了我……这些人是可怜虫和胆小鬼,他们在我的问题上撤退是妙极了。总之,这事情了结了。"①

当他正想尽情欢乐时,他要为健康操心。他告诉福楼拜,他右眼调节功能麻痹。据给他看病的医生的诊断,这是与他母亲患的同一种病"骨髓上部轻微刺激"。"这样就会有心脏失调,脱毛,眼病……这就会非常讨厌。"无疑,有钢筋铁骨身子的运动员的神经却是脆弱的。他掉了头发,性情暴躁,有时甚至有幻觉。尽管身有不适,居易准备重新投入战斗。流产了的诉讼的传闻大大提高了他的知名度。他的诗集《诗选》正在夏庞蒂埃的出版社加工,另一本小说集《梅当之夜》,其中包括小说《羊脂球》,也在同一出版社准备出版。这是在与左拉共进午餐时产生集体干的思想的。在那次与因《娜娜》一书负盛名的作者相聚时,五人集体的年轻人:莫泊桑、于斯曼、塞亚尔、亚历克西、埃尼克追忆 1870 年的战争,在这段国家遭难的时期,每个人都有诉之公众的回忆。埃尼克突然提出就此题目合写一本包括六篇小说的集子。大家都赞成这个提议,并马上找一个书名。于斯曼提出一个大胆题目,使大家感到战栗:"滑稽的侵略",这个题目是否有太多挑衅性? 塞亚尔建议《梅当之夜》,意为向左拉的小屋致意,这些年轻的崇拜者喜欢在这里聚会。这个温和的称呼被一致通过。在欢乐欣快的颂扬声中,大家决定请左拉来庇

---

① 1880 年 3 月初的信。

护。左拉当时名气很大,可以用来给五个刚起步的、站在他身后的年轻人引路并做保证。这样也可以使他们有力地进入文学界。实际上,左拉也想在集子里插入一篇先在俄国、后在法国发表的题为《磨坊之役》的小说;于斯曼想把他在布鲁塞尔发表的《背袋》拿出来;塞亚尔是俄国一个期刊的通讯员,写过一篇关于巴黎被围时残暴情景的《放血》。余下三人,即莫泊桑、埃尼克和亚历克西要拿出作品来。居易指出,这种合作有好处,因为左拉的名字"好推销"。每一个《抽烟斗的头像》可以卖100到200法郎。居易写信给福楼拜说明他们的事业,对这件事福楼拜可能不高兴。"我们写这本书,没有什么反对爱国主义的东西,也没有其他企图;我们仅希望在我们的作品里有有关战争的正确描述,从而剥去德鲁莱德那套沙文主义色彩,以及直到如今还认为是必需的描写士兵红裤子和步枪的那种错误的热情。将军们既无真才实学,又无高风亮节,只是些凡夫俗子、碌碌庸才,他们只不过戴有饰带军帽而已,他们杀人并非毫无恶意,而只是出于愚蠢。我们的集子对军事行动的评价是出于好心。在这些问题上,我们是无私的,每个人都不自觉灌输了热情,它能激发市民,胜过快速打击。这不是反爱国主义,而是真情实事:我说的这些,鲁昂人还不明真相。"①

这篇题为《羊脂球》的不拘一格的小说,居易很快地将它交给恩师审阅。在收到长条样后,他就把它寄到克鲁瓦塞,福楼拜贪婪

<hr>

① 1880 年 1 月 5 日的信。

地读着,并满怀热情。他将赌注下在居易的前途上是有道理的,这小伙子不辜负他的教诲,一跃而起,能与年长者平起平坐。福楼拜对这个发现,颇为心动,他在给侄女卡罗琳的信中说:"我弟子的作品《羊脂球》,今早我看了校样,这确是杰作;我还是维持这个说法,是杰作,从结构、戏剧性和观察事物来说都是如此。"①同一天,他又将此意告诉作者:"我得马上告诉您,我认为《羊脂球》是一篇杰作。是的,年轻人! 一点不差,这是大师的作品。构思很有特色,通俗易懂,文笔流利。风景和人物描写协调,心理描写也很出色。总之,我心醉神迷。我曾高声大笑过三四次⋯⋯我在一张纸条上写了几条迂腐的意见,请做参考,我认为是好意见。这篇东西会流传于世,这您要确信。您描写的那些市民的面孔真是妙极了! 没有一个是败笔! 我真想长久地拥抱亲吻你! 是真的,我很高兴! 我挺开心和挺欣赏⋯⋯真棒! 真他妈的⋯⋯"②

对学生的作品,福楼拜从未露出过如此的狂喜。居易特别高兴的是在几天以前,他的几个伙伴也对此文大加颂扬。他们聚集在克罗泽尔街莫泊桑的寓所,各自宣读自己的作品,他们听《羊脂球》时寂静无声,突然大家一跃而起,把他拥为大师。而他对《梅当之夜》其他五个作者带来的作品并不宽容。他在给福楼拜的信中说:"左拉:好,但这个主题可以由桑夫人或都德以同样方式处理。于斯曼:不出色,没有主题,结构不行,文风差。塞亚尔:沉闷,太沉闷,情节

---

① 1880年2月1日的信。
② 1880年2月1日的信。

不真实,文风怪,但事物描写细致并引人入胜。埃尼克:好,出自作家之手,但位置放得不当。亚历克西:像巴尔贝·多尔维里风格,但也像萨尔塞想模仿伏尔泰。"①

确实,《羊脂球》一文在此书中,以其观察精细,书写流畅,人物形象不生搬硬造和精确、很幽默而脱颖而出,超过其他几篇小说。在法国被普鲁士人占领时期,这辆驿车中的胆小如鼠的旅客们,既自命不凡又自私自利,是平庸的芸芸众生的象征。这就是打败仗受羞辱的国家被拘禁在车内。当一个德国军官想和旅客中一位妓女羊脂球睡觉而不让马车开走时,那些鄙视这个妓女的市民认为,她应该为共同的利益牺牲自己。卢瓦索夫人说:"既然这娘儿们的职业是跟所有的男人干这种事,她没有权利挑三拣四。"而布雷维尔伯爵则甜言蜜语并带着外交辞令似的说服这个妓女:"您喜欢我们也和您自己一样受暴力吗?那还不如像以前在生活中那样去献点殷勤。"在吃饭桌上,人们举出朱迪特和奥罗弗尔纳的例子②。有位老修女甚至说,当意图是好的,行为不应受谴责。羊脂球开始时反抗,不同意自己的肉体贡献给祖国敌人,但是在这伙体面人士劝诱下,终于屈从了。事情完了以后,德国军官遵守诺言,让马车开走。这些市民如释重负,又本性毕露,又不理这不幸的女子。羊脂球被大家所鄙视,羞恨交加,暗自流泪。莫泊桑写道:"谁也不瞧她,谁也不

①　1880 年 2 月末的信。
②　指犹太女郎朱迪特为了挽救城市,勾引敌军将领奥弗尔纳,并在睡眠中杀了他。故事出自《圣经》。——译者

想及她。她受到这些一本正经的坏蛋的蔑视，这些人先是牺牲了她，而后像扔不干不净和无用的破烂似的把她扔了。"

使读者醉心的，也是使福楼拜喜欢的是句子铿锵有力，人物描写真实，还有令人心酸的道德观。这篇有特色的小说洋溢着生活气息，就像是一篇檄文声讨墨守成规的社会。福楼拜怕的是模仿，他的学生没有这样做。居易师从大师，却知道创作出别具风格特色的作品，与克鲁瓦塞孤独老人相比，他的笔法更为自由、更为自然。在30岁那年，居易·德·莫泊桑终于独树一帜。

他向世人显示其才干，让人感到最出色的是在他身处逆境的情况下，写作了《羊脂球》。他既要写作，还要考虑行政上种种琐事，被人控告的威胁，从而可能丢掉部里差事和身体健康状况。他被责令接受埃唐普预审法官审讯时，他的右眼视力下降很厉害，勉强在纸上画一条线，他得放五条蚂蟥在他耳后。此外，为了对付难忍的头疼，不得不求助于乙醚。这种毒品消除痛苦却刺激精神。在他的小说《梦》中，他这样描写药品的作用："不久，一种既古怪又舒服的真空的感觉扩散到胸中，继而到达四肢，骨头和肉都溶化了，只剩下皮肤，皮肤使我觉察到生活的甜蜜，感觉到我是沉浸在幸福之中。我于是觉得不难受了……我的头脑变成思想斗争的场所，我是高尚的人，具有不可战胜的智慧，我力大无穷，品尝无比的欢乐。"

然而，在《羊脂球》中，并没有这种极度兴奋的安乐。小说是完美的现实主义作品。这篇作品是受一个轻浮女子的故事启发写成的，故事是他舅父夏尔·科尔多姆讲的。这个女人名叫阿德里安娜·勒盖,由于身材滚圆,绰号羊脂球。至于这段艳史,他是根据故事情节添油加醋写成的。若干年以后,他见到了阿德里安娜·勒盖,那是她独自一人在鲁昂市拉法耶特剧场包厢里。散场后,他请她吃饭,在勒芒旅馆的饭厅里曾经单独交谈。对这位曾提供使他成功的第一篇小说题材的女人,他表示了审慎的敬意。

对第一次成功,在公众未认可前,他也不很放心。他想他不久将出版的《诗选》能否像《梅当之夜》那样受到重视。在等待出版期间,他于1880年3月28日复活节那天拜访了福楼拜,他在克鲁瓦塞接待了几个客人:龚古尔、左拉、都德和夏庞蒂埃。龚古尔赞叹塞纳河的美景,船只如梭,椴树成林。对作家的书房和厨房,也赞不绝口。他写道:"大家喝各种各样的酒,整个夜晚都在讲使福楼拜大笑的绘声绘色的故事,那笑声就像儿时的嗤笑。"①在这些长辈中,莫泊桑装着一副如痴如呆的模样,福楼拜之所以搞这个高层聚会,那是为了更好让他的小马驹迈步前进。

1880年4月17日,《梅当之夜》终于在书店出现。在接到样书时,由六位作者对该书进行了热情洋溢的题词,福楼拜也宣布:"《羊脂球》技压群芳,但其书名粗俗。"②不久,居易送来了诗集,献给"我全心爱戴的父亲般的和声名卓著的朋友、我最敬爱的大师居斯塔夫·福楼拜"。福楼拜十分感动,向弟子回了信:"我的年轻人,你有理由爱我,因为我心疼你。你的献词引起我思绪万千……

---

① 龚古尔:1880年3月28日《日记》。
② 1880年4月末的信。

一段时间以来,我这个老头子心情惆怅,老泪纵横。"①但是,当他写这几行字时,他本能地知道,这些诗是消遣逗乐,将来不会留存,而《羊脂球》会流芳千古。《羊脂球》有一篇挑战式的序:"我们等待不怀好意和出于无知的攻击,对这些惯常的攻击,我们已经受了许多考验。我们唯一的考虑是公开承认我们真正的友谊和我们的文学倾向。"

新闻界的反应是尖刻的。从 4 月 19 日起,阿尔贝·沃尔夫在《费加罗报》上写文章:"这伙自负的年轻人,在罕见的序中向舆论界挑战。这是一眼就能看穿的诡计。他们的想法是:设法向我们抨击,这样就能够把书卖出去。《梅当之夜》,不值一批。除了左拉的卷首那篇小说外,都是平庸至极的作品。"同一天,莱昂·夏普龙在《事件》杂志上写文章补充:"这些自然主义者先生自然是被虚荣心冲昏头脑。他们刚出版了一本《梅当之夜》。写了二十几行字充当序言。这篇序言纯粹是而且只是粗言滥语。"还有某位勒布雷先生,《时代》杂志批评家,也持同样意见:"尽管头插羽饰,这本书极为平常。这些自称左拉一派的年轻人,继承的是他的不足之处,而不是他的才华。"

然而,颂扬莫泊桑成绩的声音此起彼伏,卡米尔·勒莫尼埃在《欧洲政治经济财政报》上撰文,认为这篇小说"手法敏捷灵活,描写简明扼要"。弗雷德里克·普莱西在《新闻报》上给予充分肯定,

---

① 1880 年 4 月 25 日的信。

作者"文风紧凑、有节制、集中","观察精神无可指责",还说这里没有什么背信弃义的东西:"这完全是福楼拜风格,才能卓绝,已不单是模仿这位优秀的散文家了!"在读到那些乱七八糟新闻刊物时,福楼拜抱怨说,这些傻瓜什么也不懂。球又抛回到沃尔夫那里,要他彻底负责攻击"自负年轻人"和他们的序言的责任。福楼拜在给居易的信中写道:"沃尔夫的文章使我开心。这是个废物!"他还写道:"我又读了一遍《羊脂球》,我还维持我的观点,这是一篇杰作。设法写它一打这样的作品,那你就是人物了。"①

1880年4月27日,有几个朋友聚集在鲁昂市拉皮埃尔家,趁圣波利卡普节(Saint-Polycarpe)向福楼拜祝贺,而福楼拜用嘲笑将这个节日选作神秘的主保圣人,模仿斯米尔纳主教习惯重复"我的上帝,我们生活在什么样的世纪"这句话的语调。莫泊桑因故留在巴黎,未能参加宴会,但他给老师写了几封逗人的信件。其中有一封署名"格雷内尔的鬼怪",杀死小女孩暴虐的凶手。另一封祝贺信是以皮纳尔名义,这是过去因反对《包法利夫人》而得出雅号的检察官。第三封信出自"圣安东尼的猪"。福楼拜在给侄女卡罗琳的信中说:"真的,我对人们以恶作剧来逗我乐的事挺感动。我怀疑我的弟子肯定参与了这些逗人的玩笑。"②

尽管莫泊桑离他年迈的老师很远,却竭力设法逗他乐,因为老师的忧郁使他不安。在文学界,他们之间的亲情是众所周知的。有

---

① 1880年4月20日或21日的信。
② 1880年4月28日的信。

些人甚至瞎叨叨《包法利夫人》的作者是《羊脂球》作者的生身之父。洛拉·勒·普瓦特万和居斯塔夫·福楼拜不就是儿时的朋友吗？由此看出，他们之间会有暧昧关系，就差一步。无可否认，福楼拜和居易有相似之处。外表，体魄健壮，对结婚都反感，对花柳巷中妓女都感兴趣，甚至爱开玩笑的倾向，对资产者的恨，对艺术的爱……但是居易与他的合法父亲居斯塔夫·德·莫泊桑有很多相似的亲缘关系。儿子像父亲一样，喜寻花觅柳，挥霍浪费，缺乏责任感，承受力差，孩童般任性天真。此外，居易认识福楼拜很晚，已是1867年。假定居易是福楼拜的儿子，醉心于文学的洛拉，能等待这么长的时间让父子团圆吗？这就使人相信他们之间没有秘密的亲子关系，而是一个长者对认为是自己精神继承人的纯洁和深厚的友谊。尽管这样，谣言还是四处传播。福楼拜是否知道此事？不知道，可能他会大光其火。目前，他忧思重重，正忙于为结束《布瓦尔和佩居谢》一书而搞得精疲力竭，要在生前完成，他在年轻的居易的成功中得到安慰。书是写得很不错，销路也不错。尽管新闻界有些平庸无知之辈，但文坛新秀已征服了公众，莫泊桑很有力量且真实的描写极为感人，他敢把卖笑的平民女子当作女主人公。福楼拜在写给莫泊桑的信中说："下星期，你把自称文学家的、该跟他们算账的那批混蛋名单带来。我们要跟他们干……《梅当之夜》已出八版了吗？《三个短篇》已出四版。我真有点妒忌。"①

---

① 1880 年 5 月 3 日的信。

第九章　福楼拜之死

　　1880 年 5 月 8 日,星期六,下午三点半,居易接到卡罗琳·科芒维尔的急电:"福楼拜中风,已无希望。六点动身,速来。"鲁昂另外两份电报证实了同一消息。受到此噩耗的打击,居易又翻开 5 月 3 日福楼拜来信,信中允诺对诽谤《梅当之夜》的那些家伙"算账",时间过去五天,结果发生这幕悲剧。居易急奔圣拉萨尔车站,在月台上碰到科芒维尔夫妇,并一起登上火车。列车直奔鲁昂,旅途显得甚为漫长。由于悲伤过度,他连话都说不出了。到克鲁瓦塞,他看到遗体直挺挺地躺在长沙发上,神态安宁,由于中风而颈部赤黑,"像被雷击的巨物"。居易询问老师最后时刻的详情。他听邻居们说,事情发生得很突然,很快。福楼拜早上起来时,健康状况极佳,还高高兴兴地准备在第二天去巴黎。但是,一洗完热水澡,感到有点不舒服。他有点担心,叫女佣去找在克鲁瓦塞的经常来家出诊的医生福尔坦。接着他打开一瓶科龙香水,用它来擦太阳穴并躺在长沙发上。福尔坦医生不在家,鲁昂的杜尔纳来到病人床前。但为时已晚,福楼拜已停止呼吸。他可能并没有什么痛苦就死去,居易希望是如此。他惊惶不安,用手洗遗体并洒上香水。莫泊桑说:"我给他穿上衬衫、衬裤和白丝袜。戴上白手套,穿上轻骑兵式长裤,再穿上外衣和背心。衬衫上系上领带,并打了一个蝴蝶结。然后,让他闭上眼睛,梳理了胡子和他漂亮而浓密的头发。"①一位雕塑家在死者脸上做了石膏模型。

晚上守灵,幻影迭现。他在给左拉的信中写道:"我们可怜的福楼拜昨日因突然中风死亡。星期三中午下葬。如果您来参加葬礼,那些爱他的人甮说会多高兴。早上八点钟出发,您就可以及时赶到。在车站有车接你们直接到达举行仪式的康特勒。我十分伤心,紧握您的手。"②在给爱德蒙·德·龚古尔的信中说:"您能来这里和我们一起向我们可怜的好友做最后告别吗?"不久,福楼拜所有那些志同道合的朋友都接到了他逝世的通知。爱德蒙·德·龚古尔在《日记》中写道:"那时候,我心烦意乱,我不知道我在干什么,也不知车子走到哪里了!我已经感觉到我们之间有一种悄悄地、紧密地联结在一起的关系,虽然也时紧时松。"③

居易安排了葬礼细节,在窗户紧闭的克鲁瓦塞住宅内负责接待吊唁者。5 月 11 日中午,送殡队伍开始前进。在第一排中,居易·

---

① 弗朗索瓦·塔萨尔:《对莫泊桑的新的亲切回忆》。
② 1880 年 5 月 9 日的信。
③ 龚古尔:1880 年 5 月 8 日《日记》。

德·莫泊桑和埃内斯特·科芒维尔低头行进。在他们后面,是福楼拜的忠实崇拜者,他们缓慢地走向康特勒教堂的布满灰尘的山坡。雨果、泰纳勒南、小仲马、马克西姆·迪康、奥吉耶、瓦克里因故未能参加葬礼。但是左拉、都德、龚古尔、何塞·玛丽亚·德·埃雷迪亚都参加向作家致最后致意的仪式。此外,参加仪式的还有省长代表、鲁昂市长、市政参议员、大学生,以及"手中握笔"做记录的新闻记者。在宗教仪式以后,气喘吁吁和汗流浃背的送葬队伍,直奔鲁昂宏伟的公墓。爱德蒙·德·龚古尔写道:"在嘈杂的送葬队伍中,那些面无忧色和觉得葬礼仪式太长的人已开始谈笑自如。有人谈诺曼底式胡子、橘色小鸭……布尔蒂①说妓院这词时像多情的公猫似的眨眨眼睛。终于到了公墓,这是一座绿荫遮盖下的城市似的大墓地,这就使它像一座石头城。"②

最后一个考验在等待居易:在遗体将要入土时,发现掘墓人没有考虑到棺木尺寸,挖的墓穴与棺木大小不合。掘墓人无法用绳子搬动,尽管你一言我一语,吵吵嚷嚷,棺木还是头朝下斜着倒下。卡罗琳用做作的声音呜咽,而左拉大叫:"够了,够了!"教士匆忙地洒啤酒以作圣水。送葬的人群散了。在亲属不在的情况下,墓穴扩大加深。福楼拜可能很想将这一幕滑稽戏写到他的作品《布瓦尔和佩居谢》里。居易对此极为反感和愤怒。他看着这伙人中大部分已很快忘了逝去的大师,心中无比怨恨。爱德蒙·德·龚古尔还写道:

---

① 艺术评论家。
② 龚古尔:1880 年 5 月 11 日《日记》。

"这帮贪婪的人满脸通红,说着不三不四的话,忙着向城里奔去。左拉、都德和我动身回家,不想参加今晚的盛宴。"

卡罗琳还是显得心灰意懒。居易对这个怪里怪气小人物看不顺眼,福楼拜为她倾家荡产,而今天她是全部遗产的继承人。她会装模作样,显得很虔诚。但是,她生性善于精打细算并会献媚讨好。两年以前,居易在写给母亲的信中这样说她:"昨天,我和布雷纳夫人聊了很久,她给我描绘了科芒维尔夫人的形象,结果使我大为吃惊。她说,科芒维尔夫人是一个不可理解的人,她既读生理学又读数学,既笃信宗教又当共和党,她冷若冰霜,对痛苦和激情都无动于衷,成天与迪东大爷搞在一起,或与她的裸体模特儿待几个小时,这个人气量很小,不会吃亏,是个常有理。她绝对是一个德曼特侬夫人,这个比较绝对正确。是个德曼特侬夫人。"①

爱德蒙·德·龚古尔在福楼拜葬礼那一天,观察了科芒维尔夫妇,他写道:"从商业观点来看,使福楼拜倾家荡产的侄女婿,不仅是一个不老实的人,而且是一个骗子……至于那个侄女,福楼拜的心肝宝贝,莫泊桑说他不能对她乱加评说。她过去是、现在是、将来也是那个流氓丈夫的玩偶,他控制她就像那些无赖玩老实巴交女人那样……科芒维尔夫妇整天谈论的就是金钱,不是从已故的福楼拜作品中获取金钱,就是从这个可怜的朋友的情书中去捞一笔,甚至向那些还活着的情人去敲诈勒索。因此,对莫泊桑势必更加爱慕,这

_____

① 1878 年 2 月 15 日的信。

种爱慕带有侦探和警察的监视。"

当晚晚餐时,埃内斯特·科芒维尔大口地吞吃火腿,晚饭后,他带着居易到花园小屋里。在那里,他紧紧抓着居易的双手,又恭维又甜言蜜语整整一个小时。居易看着他,估摸他的虚假神态并感到伤心。在这个时候,卡罗琳试图假装泪流满面来迷惑何塞·玛丽亚·德·埃雷迪亚。爱德蒙·德·龚古尔笑话这对夫妇并写道:"莫泊桑从来也没见过这个女人哭过,这回号啕大哭、泪流满面,并很离奇地用头靠在埃雷迪亚的胸前,他如果想在这时做个动作,她就可能扑到他怀里。"爱德蒙·德·龚古尔认为,这是雕虫小技:这是"丈夫强加于其妻子的爱情剧,为的是控制这个年轻的老实人,如果财产占有上仍处于模糊不清的状况,最终会导致对另一个继承者的伤害"。他最后说:"啊!可怜的福楼拜,围着你的遗体有这么多阴谋诡计,有这么多的材料,你可以拿来写一本反映外省的精彩小说。"①

居易的想法正是这样,人间的庸碌之辈实在讨厌,而生活中突然的空白使他无限沮丧,悲郁交加。生活中没有福楼拜,就像在树林中迷失方向。今后,谁能与之磋商?谁能给以支持?在同行冤家的攻讦中谁能给予保护?他是否还有勇气和情趣进行写作?虽然他对卡罗琳的两面三刀心怀戒意,但忧郁之余,还是向她吐露真情:"随着可怜的福楼拜逝去日远,我脑海中的回忆日益萦绕。我伤感

---

① 龚古尔:1880年5月14日《日记》。

倍增,寂寞孤单。我见他身穿日益褪色的褐色长袍站在我面前,说话时举起双手,袍袖展舞,昔日情景宛如在眼前。他的语音、语调、习惯语还在耳边震响……此时我感到万念俱灰,茕茕孑立,生活枯燥无味,忆昔日畅怀调侃,愁思顿消。"①他甚至向屠格涅夫诉苦:"他亲切高大的形象到处伴随着我。声音在萦绕,话语在反响,已消失的往日友爱使我感到空虚和惆怅。"②在给左拉的信中,也倾诉了亲子般的悲伤,语句也几乎相同:"我不知道该怎么说,我是多么想念福楼拜,他的身影到处伴随、环绕着我。他的思想不断地在我脑海中出现,我听见他的声音,看见他的手势神态,我时刻见到他站在我面前,身穿褐色长袍,说话时高举双手。"③

但是,在真挚的哀悼中,生活又在前进,居易的作家职业生涯又使他重新提笔,在同一封信中,他请求左拉在新闻界进行友好的干预:"此外,我求您帮个忙,这是您头一个答应过我的,也就是说在您的专栏《伏尔泰》中为我的诗集写几句话。我在《环球》中写了一篇文章,在邦维尔的《民族报》中也写了一篇,在《时代》杂志有两段颂扬的话,在《马赛信号报》有一篇优秀的文章,另有一篇文章登在《政治和文学杂志》上,还有在《小报》《19 世纪》杂志上有两段讨人喜欢的引语,等等。昨天晚上,在萨尔塞家开了个讨论会。此外,售书情况良好,第一版已几乎售完,但我要把剩下的 200 本书脱手,需

---

① 1880 年 5 月 24 日的信。
② 1880 年 5 月 25 日的信。
③ 1880 年 5 月的信。

要您帮一把。"左拉确实"帮一把",在 5 月 25 日为福楼拜的被保护人写了一篇热情洋溢的文章。当月,《高卢人报》社长阿蒂尔·梅耶向读者宣布,与居易·德·莫泊桑建立正常的合作关系。居易匆忙地收集旧稿,按读者当前口味进行修改,每周以《巴黎市民的星期天》为总题发表。这组系列小说受到福楼拜《布瓦尔和佩居谢》的启发,也像福楼拜一样,嘲笑愚昧和迷信以及爬格子的蹩脚作家的陋习。

这么一来,居易成了了不起的新闻记者。他经常出入编辑部办公室,在时髦的咖啡馆里与同行们应酬,在桌子旁随便编写一些时而严肃、时而傲慢的专栏文章,在《高卢人报》《费加罗报》《吉尔·布拉斯报》上发表作品,没几个月工夫,这位面色红润、颈粗如牛、留着小胡子的记者成为巴黎的知名人士。

说实在话,这种突然的知名度并没有使他昏头昏脑。尽管有些报刊记者和编辑对他提出各种各样的建议,他还是待在教育部的岗位上。那些小职员总是成为他讽刺挖苦的对象,他自己也尽可能长久地当个小职员。他的主任亨利·鲁戎在谈及他时说:"这个壮汉子爱对风度、谈吐挑三剔四,有法国人那种雄心壮志,当他谈及肉体上业绩时津津乐道,通常引起哄堂大笑。"事实上,由于文学生涯遇到意外事故,他常为缺钱而惊惶不安。每当生病或碰到难题而不得不停止作家活动时,他总是想,还好在部里有个头衔和待遇。他嗜钱,但不吝啬,只是为了追求享受。他是为了支付各种各样生活乐趣费用。对雇用他的报刊,他竭尽全力讨价还价,该给他的,一个子儿也不能少。当时,在这方面,情况还顺利。即使在格雷内尔街的办公室里,不像对其他同事那样,大家对他颇为敬重。在福楼拜死后,他利用这个机会,要求带薪休假三个月并得到批准。9月1日,他又提出要求,这回发的是半薪。延长到6个月后,直到翌年初,这回不发薪水了。在这段时间,他过着自由自在的生活。重新置身于公文堆中,对他来说是难以忍受的。他想孤注一掷,提出辞职。但是公共教育部新部长保尔·贝尔很快找到他,并决定制止这位昏头的职员的狂妄举动,在身边的同事谈到他时,都说看不到他上班。①在居易·德·莫泊桑的私人档案上,部长看到朗迪医生的诊断书:"我,大学学衔取得者、医院医生谨签署以下证明:居易·德·莫泊桑,因患眼神经痛并心悸,已治疗数月,最近重犯旧病,若从事繁重脑力劳动,将有损健康。"这个诊断证明本身并不是令人愉快的证书。居易确患眼病,并为偏头痛所困扰,以至发作时有崩裂的感觉,有时还心脏不适。眼科名医朗多大夫在居易病情加剧时诊断并就其病情做了分析,在他的病情记录中,说病人外表健康,但脑袋脆弱:"自1880年开始,居易·德·莫泊桑有时眼副神经节病变,有时更像大脑细胞核病变。这种紊乱现象的诊断极符合神经系统的梅毒,此病情占病例80%,全麻痹性梅毒占病例40%。"

尽管居易的病越来越厉害,备受折磨,但他仍不放松工作,甚至从中得到欢乐。他在写给罗贝尔·潘雄的信中说:"如果这封信不

---

① 然而,直到1882年,莫泊桑才最终被部里除名。

像我的字体,那你不要大惊小怪,我的一只眼睛患斜视,因此,我不得不留在房间里。"①然而,他认为到阳光普照的地区去旅游也许对他的健康有利。正好,他患病的母亲在科西嘉休养,他决定到那里和她相聚。

当火车到达普罗旺斯的土地,他就打开列车的窗户,醉心于"南方愉快的美景,灼热土地的芳香,乱石嶙峋和墨绿色的、矮壮的橄榄树叶的明亮的乡土"②。然后到达马赛,城市街道崎岖,人群嘈杂,衣冠不整,人们说话语音高亢,"厨房喷着蒜味"。第二天,他乘船去科西嘉。这蔚蓝色的海洋,与埃特尔达蓝色的大海是如此不同,真是心旷神怡。风景美色,岂不是各有千秋?充满阳光的大地,处处鸟语花香,充满了魅力的宁静的地中海海岸,这一切使他向往神迷。在科西嘉,居易又见到母亲,她的身体在休养期间已有所恢复,他游览了阿雅克肖、维科、巴斯蒂亚加、皮雅纳等地,登山游玩、狩猎、钓鱼、乘帆船,蔚蓝的天空使人神往。他在写给路易·勒·普瓦特万的信中说:"我每天在海水中洗两次澡,海水十分暖和,入水时毫无凉意。白天在阴凉处温度是 32 摄氏度。气候就是这样。"③

在科西嘉逗留期间,居易与年轻的文学院学生莱昂·吉斯迪西建立了友谊。他们一起游泳,吉斯迪西暗地里观察他,并被他的"矫健壮实的特殊气质"所打动。但是有一天,吉斯迪西到法兰西旅馆

① 1881 年 8 月 7 日的信。
② 《伦多莉姐妹》。
③ 1880 年 10 月的信。

拜访居易时，发现他直挺挺躺在床上，脸上红一块紫一块，头上包着手巾，双眼紧闭。居易喃喃地说："不要紧，是偏头疼。"他苦笑着，请吉斯迪西坐下，桌上放着写着密密麻麻字的纸片。居易刚为《高卢人报》写了一篇文章，晚上，他将乘船动身。吉斯迪西描写说："我的目光不停地看着他，心中很悲伤，桌上蕴藏着丰富思想的手稿在干枯，作者躺在旅馆里普通的床上，如行将就木。"[①]翌日，病痛全被遗忘，居易重振精神，又去闲逛和游水了。

尽管科西嘉的风景十分迷人，10 月底居易仍返回了巴黎。他回来并不是回教育部上班，实际上他已离职，而是为了更好地发扬在新闻界所取得的成就。1881 年 1 月，他高兴地告诉母亲："我的反映妓女生活的小说快完成了，她们是刚行圣体仪式的妇女。我相信，这篇小说要是不如《羊脂球》，起码也可以与之媲美。"该书书名为《泰利埃之家》，他可能从深知鲁昂妓院内情的夏尔·拉皮埃尔那里得到启发而写成的，至少不是埃克多·马洛，因为他也要求取得该书的作者资格。说到这篇小说主题，一句话就足以激起居易的灵感。在一座妓院门上，贴有一张手写的布告："因行初领圣体仪式停止营业"。不久，他就构思出故事情节和其中人物来。他兴高采烈地想起那些女人坐在一节车厢里拥挤不堪，怀着激动的心情去参加夫人的侄女初领圣体仪式。她们深知等待她们的将是庄重的仪式，于是开始玩起 31 点纸牌来："夫人从头至脚穿的都是蓝绸缎服

---

① 参阅乔治·诺曼底:《莫泊桑之死》。

装,身披一块仿造法国的红色开司米大围巾,耀眼夺人。费尔南德穿着一件苏格兰连衣裙,由于胸衣是她的伙伴给系上的,勒紧的胸衣支撑着快要倒塌的像两座高耸的山峰似的胸部。在衣服下面,乳房像流动液体似的抖动,她憋得直喘气。而拉斐尔则梳着一种鸟窝式的发式,身穿淡紫色的服装,戴着金首饰,这种东方式的打扮与她的犹太女郎的外表颇相配。罗莎·拉罗斯穿着镶边饰的玫瑰色裙子,给人印象像一个过分肥胖的孩子,一个胖侏儒。"他寥寥数笔勾出的画面让人感到宽广,又奇峰突起,颜色光彩夺目,一个健康体魄使画面更加栩栩如生。在教堂里,那些善男信女对这些"比唱经班打扮得更花枝招展"的贵妇感到不快。农夫们贪婪地看着这批城里来的有趣的破鞋烂货。在做弥撒时,这些妓女因回忆甜蜜往事而纷纷落泪。也许是因为受到感染,参加弥撒的人们也呜咽哭泣,这时勇敢的教士面对这种宗教激情,转身对着妓女大声叫嚷:"亲爱的姐妹们,谢谢你们,你们远道来到我们这里,你们信仰坚定、十分虔诚,是很好的典范!"在这篇献给屠格涅夫的小说里,莫泊桑才华横溢,热情奔放。但是在这种滑稽的描写后面,像《羊脂球》一样,隐藏着对既定的秩序的反叛。他抨击那些一本正经的正人君子,他们在口头上谴责而在行动上接受。确实,他不是第一个写妓女题材的人。于斯曼的《玛尔特,一个女人的故事》、爱德蒙·德·龚古尔的《爱里沙女郎》、埃米尔·左拉的《娜娜》,在这些作品中,作者都是选择妓女作为女主人公。但是在莫泊桑的作品中,笔调独树一帜,细节严谨准确,叙述幽默有趣,这些都是无法比拟的。他以前曾向母亲表白过他讨厌平淡无奇的东西。有一回他父亲的一位女友 D 夫人在评论莫泊桑时，说了几句恭维话后说道："我想是一位脚穿长筒丝袜、时髦高跟鞋、一头褐色头发、打扮讲究的太太告诉他，福楼拜和左拉对怎样使诗人和诗歌，哪怕是 50 行短诗，在欣赏方面达到完美无缺，并流传千古是一窍不通。而我，你是知道的，我更喜爱 17 世纪诗歌戏剧，对《高卢人报》一直不喜欢。"在引述了 D 夫人的话后，居易又说："我觉得这句话讲得简直太绝了，因为它在法国所有穿着华丽的太太脑子里根深蒂固。这种庸俗化文学作品，我是很熟悉的，但我不写那一类作品，我只希望不要陈旧落套，因为伟大人物不要它，而是要创造一部新作品。"①

《泰利埃之家》强烈否定"平淡无奇"，或者说是反对守旧的习俗。几年以前，这篇小说的作者差点受审判。但是 1880 年的共和国已变得宽容。麦克马洪所钟爱的"道德秩序"被埋葬了。公众渴望新事物、真实的材料，深入了解正经女人不屑一顾的地方。妓院成为时髦玩意。上流社会的太太们拥向咖啡歌舞厅听热情奔放的歌曲。而那些跳康康舞的舞女，面对满脸通红和快乐的先生们，举起大腿，扭动得内衣沙沙作响。《泰利埃之家》如奔流直下，莫泊桑因为有了这篇作品，更巩固了先锋作家的声誉。金钱滚滚而来。他在萨尔特鲁维尔纤道上租了一座白色小房，四周椴树环绕。在人们装修迪隆街 83 号的巴黎新居时，他袒胸露臂，在塞纳河上划船。但

① 1878 年 4 月 3 日的信。

是,他也写作,并寻找出版商出版题名为《泰利埃之家》的小说集。集子收集了《西蒙老爹》《在家中》《农庄女故事》《乡村一角》《在水上》《保尔的女人,或春天的女人》。这些小说结构清晰,文风清新,对人类苦难生活表现出既有冷漠怜悯之心的一面,又具有男子汉气概蔑视的一面。居易看夏庞蒂埃印刷任务繁忙,左拉、都德、龚古尔、福楼拜等人的长篇小说都在那里印刷,便不再找他而与一位叫维克多·哈佛的年轻有为的出版商签出版合同。这位年轻人对书稿提出了自己的意见:"正如我预料的那样,《泰利埃之家》一书描写得既独特又大胆,这是一件非常棘手的事情,我相信,它肯定会要么激起愤怒,要么就虚假地表示愤慨。总而言之,该书会以体裁漂亮和富有才华而一举成名。这是症结之所在,如果您没有取得出色成就,我肯定会受骗上当(我不是指文学上取得的成就,而是指销售方面的)。"①维克多·哈佛看法很正确。读者蜂拥而来,该书很快再版,而且一版再版。相反,像往常那样,舆论界有赞扬也有诽谤。莱昂·夏普仑在《事件》杂志上撰文,认为《泰利埃之家》是"黄色书籍""令人恶心的破货"。但是,左拉在《费加罗报》上撰文,平息了那些诽谤。

居易对这类争吵已十分厌倦,于是在 7 月初接受了《高卢人报》的建议,作为记者到北非采访,那时法国军队正在那里"有力和有条理"地平息部族叛乱。他迫不及待地前往采访,脑子里产生去

---

① 1881 年 3 月 8 日的信。

冒大险的念头,因为在那块土地上生活着与我们完全不同的人群。他在马赛登上"阿卜杜拉·卡德尔"号船,再次沉醉于地中海蓝色和金色的海上幻景。在阿尔及尔,他心情愉悦地漫步在布满白色房子和散发恶臭的街道上。他的同伴是哈利·阿里斯。阿尔及尔文学教授朱尔·勒迈特带他们参观市场和清真寺。接着他们跟着一支部队到达奥兰。8 月,到达赛伊达,居易在给母亲的信中写道:"我出奇地经受了酷热,我告诉你在高原上酷热难忍。我们有一整天在西罗科风中旅行,风吹到脸上如同火灼。枪炮热得烫手,谁也不敢摸。石头上到处是蝎子。我们看见秃鹫正在撕吃死去的豺和骆驼。"军队缓慢前进,穿过沙漠向艾格瓦特绿洲前进,接着奔向突尼斯边界以寻找令人恐怖的布-阿玛玛,是他挑起奥兰南部各部族反对法国殖民主义者。作为一名一丝不苟的新闻记者,居易向军官们打听情况并想与当地土著人谈话。他写道:"没有一个人像(阿拉伯人)那样爱吹毛求疵,爱打官司和爱记仇报复。说起阿拉伯人,毫不例外就要说到强盗。"但是,移民和出身高贵的军人认为,再也不能手软了,"你说,土著人造反了。但是,征用他们财产时,付的价确是占土地实价的 1%,这难道不是事实吗?"①从 1870 年溃败开始,居易就憎恶战争,现在他站在这块并非属于自己的土地上,他对战争的憎恶感突然更加强烈。当时,在法国,绝大部分人热衷于非洲冒险,而他对大肆进行殖民化的不正义行为深感遗憾。在卡比

_____

① 1881 年 8 月 20 日《非洲来信》。

利,他看到阿拉伯人亲手点燃大火,为的是赶走欧洲佬。

在这么多荒诞无稽的事情中,他突然思忖,这些被瓜分和未开化的部族落入法国人手中,不管怎么说,都不是值得庆贺的事。他写道:"确实,土地落到(移民)手中,会产生一些在阿拉伯人手中时没有的事情。当然,原始人群将会消失。"但是,他的作用并不只是判断。他观察、记录、说老实话,这些话有的读者听了高兴,有的则不高兴。两个月的旅行,他写了11篇纪实文章,这就招来了帝国主义征服者的卫道士们的咒骂,也还有那些不同意"毫无意义远征"的人的恭维。这位心情沮丧、受到伤害的人现在准备回法国。当然,在非洲之行期间,他跟各类的妓女睡觉。他的性需求是如此迫切,以至一有机会就与她们私通。7月初,他与哈利·阿里斯在克雷贝上船,然后在科西嘉短暂停留,并在马赛下船。他说,他希望能找到某一位巴伊亚,这种阿拉伯女子将改变他的生活,他认识的阿拉伯女人"为数颇多"。

回到巴黎后,居易从屠格涅夫处得知,他的名气在俄国日益增长。这个时候,这位"莫斯科好好先生"已改变了对这位年轻的法国同事的看法。当屠格涅夫看到《羊脂球》一文后,他看出莫泊桑是个高品位作家。他甚至认为,托尔斯泰如看到《泰利埃之家》也会感到高兴的。莫泊桑心中美滋滋的。然而,尽管耳边不断响起赞扬声,他还是迫不及待地想离开这种地方。在北非的户外生活,骑马驰骋、冒险活动之后,编辑部的气氛令人窒息。他很遗憾不能与福楼拜交换旅行的感受,过去,他对东方的魔力也是十分向往的。

然而,正是已逝去的大师儿时的朋友马克西姆·迪康在《两个世界》杂志发表了他的《文学回忆录》。作者说,在读到这几页文章时,他为真挚的友谊所启发,居易先是惊愕,接着怒火填膺。迪康在说了几句委婉的貌如仁慈的话后,直截了当地说,福楼拜是癫痫病人,这种可怕的病与他的创造天赋"相联结"。居易毫不迟疑地在《高卢人报》上发表愤怒的抗议文章。亨利·塞亚尔也在《快报》上发表同样文章。但是,消息很快传出去了。广大公众都知道,《包法利夫人》的作者是个病人,在写作崇高的文章时,口吐白沫,在地上打滚。对居易来说,对老师的这种侮辱比对他个人进行侮辱更为严重。卡罗琳·科芒维尔向他要福楼拜的书信以便出版,他拒绝了。他认为对死者寻根究底,从信件中找隐私和弱点是很不体面的事。逝去的人让他安眠,只有作品让它永存。在这种思想指导下,居易在卡罗琳·科芒维尔的怂恿下,复审了一遍《布瓦尔和佩居谢》手稿,并保证在《新观察》上发表。他为福楼拜遗稿奔忙,为的是尽一点儿子般的责任。在匆匆地编写短篇小说和专栏文章后,他像伟大的老师那样,想写一本长篇小说。但要完成这么大的工程,他又需要多大的勇气呢?这就要像克鲁瓦塞的孤老头那样,写一本像《包法利夫人》那样的作品,才能名列最有名的作家行列。莫泊桑希望能和他们平起平坐。这个混蛋的马克西姆·迪康以为说出福楼拜的病就能毁掉他的名声。然而,他不知道,不正常的健康状况有时对杰作的产生也起催化作用。如果没有癫痫病,有如此天才吗?如果他莫泊桑自己,在某种程度上,疼,没有痛苦的眼疾的煎熬,没有眩晕,没用乙醚,他能找到写作上的幸福吗? 他过去曾对罗贝尔·潘雄说过:"我有梅毒……我为之骄傲!"①在这种自我吹嘘中,实际上隐藏着对以后并发症的恐惧。但这也确是无比的骄傲。他感到自己与众不同,一方面是痛苦,一方面是成功,这是一种特殊的命运。也许,他的真正生命是要在老头儿死后才会开始? 他告诉他的朋友:"如果我相信,别人想到我就像我想到他们那样,那我愿意死了。"②

---

① 1877 年 3 月的信。
② 摘自波尔·内弗《莫泊桑全集》序言。

第十章 《一生》和生活

　　《泰利埃之家》的成功激励莫泊桑满怀热情地从事写作。专栏文章和小说不断发表，惊人的多产也无损于文章的质量。报刊满载着他的文章，钱财滚滚而来。那些过去看见他沉湎于海滩写作的朋友，再也认不出这位多产的、富于灵感、体魄健壮的作者了。确实，他在划船、游泳方面时间花得愈来愈少。他的同事亨利·塞亚尔写道："突然，这个过去忙于体育活动的莫泊桑变成忙于文学活动的人，重新回到墨水瓶旁，过去，他所有的精力都用在身体锻炼上，而现在这位生活艰难、早晨时间花在锻炼上的作家变成能随机应变、生活宽裕并且是多产的作家，这与过去相比判若两人。"

　　居易精力充沛，他日复一日地给报刊写文章，同时开始编写他的第一部长篇小说《她的一生》。他想，这部作品应保证使他的声誉提高到福楼拜和左拉的水平。在此期间，他交给布鲁塞尔出版商基斯特马克尔一篇题为《泰米多尔》的 18 世纪淫猥小说的序言，还送了一篇未发表过的小说《菲菲小姐》。这篇小说还附有一张准备交基斯特制版的照片以装饰将出版的小说集。新的莫泊桑笃定稳当,对出版商摆出一副傲然的姿态,他在给一位出版商的信中写道:"这是我向您提出的条件:一本书 10 至 15 篇小说,连插图共 150页,精装版 500 册,共 2000 法郎。在我交稿时付 1000 法郎,在发售时付 1000 法郎。五年之内您是这些小说的唯一出版者……我将以 8000 法郎价将一部长篇小说售给某家报纸。在法国出版前翻成俄文版给我 2000 法郎。按这样的比例,以同样的条件,一部大的中篇小说至少付 1500 法郎,如果我再算,包括这篇小说以及其他几篇小说的书还应有 1500 法郎(这里我算 1 法郎,而在哈佛先生那里每册是 3.5 法郎)。这么一算,至少是 3000 法郎。"①

　　由于妒忌莫泊桑在其他出版社获得的成功,夏庞蒂埃向他建议与他的出版社合作的优惠条件。莫泊桑马上反对:"您突然想起来与我签约,这个想法真有意思,您以前怎么没想到? 我已经把书给您了。② 您接受时没跟我谈签约的事。这回您突然寄来了印有副本的文件。原则上,我坚决不再签那种合同。此外,我与哈佛先生只有口头协议。但是,如果我应该与您签约的话,那条件应该是与别的出版社同样的。那条件是:到第 3000 册时,每本付我 0.4 法郎,从第 3000 册开始,每本 1 法郎。增印册数为 100 册。在六年后,我有权按照我的意愿安排作品,我将不受前约约束。……"最后他斩

---

① 　1882 年 12 月 4 日的信。可能是寄给出版商莫尼埃的。
② 　指《诗选》。

钉截铁地说:"哪一本也不必以书面形式签约,作为作者,我寻求最大利益;而您作为出版者,您找您自己的最大利益。这不是很自然吗?"①

新的小说集《菲菲小姐》在书店出现时,莫泊桑正在南方的芒通和圣拉斐尔游览。作品的名字也还是受普鲁士入侵的回忆所启发。像《羊脂球》一样,小说女主人公拉舍尔也是妓女。但是,羊脂球是在德国军官的要求下屈服了,而拉舍尔对占领者的厚颜无耻和粗暴无礼奋起反抗,并把他刺死。提及这位普通妓女的爱国主义行为,莫泊桑深知这是迎合溃败后的法国人的报复精神。评论界热烈欢迎,销售情况空前。作者对此十分满意。保罗·亚历克西写道:"我会见了莫泊桑。他谈笑风生,总是说钱。"

莫泊桑挣钱容易花得也快。他母亲在离埃特尔达不远、靠近大山谷②的克里克托大道上让出一块地皮,莫泊桑在那里建造了一所别墅式木屋,有居室、侧室,正面有木阳台连接。房顶是红瓦,墙上涂黄漆。在房间内,摆着东拼西凑的家具,还陈设着鲁昂的彩釉陶器、真真假假的古董、木雕圣像、靴形伞架,这一套也不知是什么审美观。在院子里,新主人种了梣木、山毛榉、杨树,还挖了个池子,里面养着金鱼。为了能吃到新鲜鸡蛋,还在不远的地方搭了个家禽棚,还有一个射击场,为的是练枪法。最后,在苹果树丛中的一块空地上,有一条翻倒的渔船,龙骨朝天,这是条破船,木匠迪佩鲁把船

---

① 1882 年 11 月 28 日的信。
② 今天是埃特尔达市居易·德·莫泊桑路 57 号。

改造成洗澡间和佣人宿舍。房子装修完工后,居易牵着猎狗,抱着家猫搬了进去。在这群狗中,他最喜欢一条名叫帕虎的西班牙猎犬,因为它是抓猎物的"能手";其次是一条名叫塔亚的北非母猎犬,不幸的是,这条狗不习惯巴黎的室内生活,后来死于生活在农村的它的伙伴家中。在猫中,比罗莉无疑是王后,其次是它的女儿普西。在乡间,莫泊桑跟这些多情和野性十足的猫逗乐。与它们的关系使他唤起了一种残暴的欲望,有时也使他不安。他写道:"对这些可爱的和不安分的动物,我既爱又憎恶,我喜欢抚摸它们,用手梳它们微微作响的光滑的毛发,柔软和细腻的皮肤。抚摸猫温暖和颤动的皮毛,真是十分美妙,细致,稀罕。但接触这些小动物的毛皮,手指上感觉到奇怪和残忍的念头,那就是想扼杀我抚摸的动物。"①居易还驯养一只鹦鹉,它叫莫泊桑时叫"可卡桑",并十分神气地向太太们问候:"你好,小母猪!"他想起斯温伯恩,甚至想驯养一只猴子,但猴子太脏、太讨厌,不久就放弃了。

　　这座他十分迷恋的埃特尔达别墅,首先得取个名字,他出于开玩笑,取名"泰利埃之家"。然而来访的女宾们却惊叫起来。其中有一位该地区的邻居,名叫埃尔米纳·勒孔特·杜努伊,向莫泊桑建议取名"居易特",即"居易之家",这个名字他感到不错。这位女士金发披肩,笑容可掬,是莫泊桑暗恋的女子。在风和日丽的季节,一有空闲,莫泊桑就整天在这里泡着。像年轻时那样,他在大海中

---

① 1886年,《论猫》。

莫泊桑传

游泳以保持体形。在涨潮时,他去西南部赶两次峰尖,来去要跑6公里。8月15日,他在花园的草地上燃放烟火。在当地老百姓中,比起他的母亲,大家更喜欢他。他们说,"维基太太"太好高骛远,钱总是花不到刀刃上,当她到市场买东西时,总是斤斤计较。

"居易特"的新主人很会社交,他常和邻居们组织联谊活动和外出游玩。他常常带着一帮欢天喜地的避暑者出去玩,晚上来到附近农庄跳舞。莫泊桑写道:"大伙带着手摇管风琴,成群结队出游,管风琴手是戴着小棉帽的画家勒·普瓦特万。两个人提着灯,大家列成队,又笑又闹,简直像一帮疯子。把农民、女佣、伙计老老少少全吵醒了。有时甚至拿洋葱做汤(真可怕!),大家一边跟着酒吧音乐,一边在苹果树下跳舞。此时,雄鸡已在鸡舍里啼叫,马群在圈里骚动。乡间的和风拂面,空气充满野草和刈割的庄稼的芳香!"①

莫泊桑和他的朋友也常到圣-儒安大道的漂亮的埃尔内斯蒂娜咖啡馆。埃尔内斯蒂娜·奥布尔是一个健壮的、笑口常开的40岁女人,她在自己的小店里接待来自埃特尔达那边来的客人。很可能,居易已不止一次地在他的床上藏娇。小店的墙上挂着艺术家们留下的油画和写生画。埃尔内斯蒂娜也收集了一些自画像。应她的要求,莫泊桑在贵宾留名簿上写了几句诗:

诗句留此地?

---

① 通讯集:1882年的小说。

吾心系山村！

心中无所虑，

只为饮香槟。

随着阴雨和寒冬的到来，莫泊桑返回了巴黎，这位绅士倒成了专逛巴黎林荫大道的作家。在编辑部、咖啡馆、戏院里，人们到处可以见到这位目光如画家那样敏锐、体魄健壮、举止古怪的作家。尽管他对巴黎公社社员的回忆颇为蔑视，但他与从流放地归来的朱尔·瓦莱斯①保持着友好关系，瓦莱斯认为莫泊桑是"有非凡才能的作家"。面对这个顽固不化的无政府主义者，莫泊桑和龚古尔、都德、福楼拜一样都是维护艺术超越政治观点的，比起那些不知道他们名字的平民百姓，他们更接近阅读他们书籍的优秀知识分子。

几天前，居易在擦手枪时弄伤了手。他在给左拉的信中写道："子弹穿过手指，从指尖出来。"但是，在给爱德蒙·德·龚古尔的信中却说，是给一位受骗的丈夫打了一枪。爱德蒙·德·龚古尔指出："左拉告诉我，他是一个可怕的说谎能手。"②然而，左拉非常喜欢这个性格暴躁、惯于吹牛、自以为是的年轻同行。受出版商之约，要莫泊桑写一篇《小酒店》作者的研究文章，他回答出版商康坦的信中说："我很愿意承担这项工作。"③于是，他对这位自然主义的坚决捍卫者写了一篇立意清新、思维敏捷、歌功颂德的文章，他说，他

①　1880 年 7 月，对公社罪犯大赦法令已通过。
②　龚古尔：1882 年 1 月 21 日《日记》。
③　1883 年的信。

把左拉视作老师和朋友。他写道："他身材中等,体态微胖,面貌和善,但性格固执……,他胖乎乎又结实的身材使人看了像颗炮弹。"

反过来,当他知道《黑猫》杂志把他的名字列为"董事长"并写在封面上时大为恼火。这是期刊编辑部常开的玩笑。但是在文学界,这个消息很快传开,说是莫泊桑为了40个法郎卖了自己的名字。这真太不像话了!居易怒不可遏,写信给编辑部秘书埃德蒙·德肖姆,信中说:"在我看来,这种玩笑开得太低级和无礼,我们之间的关系纯属个人关系,你们这样做使我深表遗憾。我告诉你们,我这封信要在证人面前投入邮筒,并且要采取必要措施。对别人对我采取的措施能得到最后的胜利。"①后来事件得到友好解决,莫泊桑请埃德蒙·德肖姆原谅他写了这封"冲动的信件"。

这段时间,莫泊桑心事重重,困惑不安。他焦虑地等待哈佛出版他的第一部长篇小说《一生》。从1877年起,他就想写这个故事,他曾告诉过福楼拜,福楼拜大为叫好:"啊!好极了!这是一本好小说,构思真实!"尽管得到了恩师的赞许,但他写作却非常艰难。莫泊桑写作多年,拿起放下,反复多次,非常辛苦。他为这部作品冥思苦想。小说的主题对他来说都是亲切的,构思出来也花了大力气:在婚姻中,男女之间的协议是无济于事的;对养儿育女的事不由自主地嫌恶;诺曼底人刻骨铭心的爱情;水的魅力;私生子问题;明智者应该利用的悲观主义……小说情节跌宕起伏,仿佛像科镇地区荒

----

① 1883年2月16日的信。

野景色一般,莫泊桑在描写上从来不是"按事论事",而是根据故事的情节发展和人物的心理来进行描写的。这些人物个性鲜明突出。朱利安性格粗暴,唯利是图,奸情迭出。他的妻子让娜发现幻想破灭而一蹶不振。她希望有肉体的爱、母爱、亲子之爱。尽管她朝这个方向热烈追求,但最后终于失败。她的父母胸无主见、因循守旧,不愿承担责任。她只好依仗忠诚的女仆罗莎莉。而修道院长托尔比亚克,他是个笃信宗教的教士,对人类本能的需要表现出病态似的憎恶。悲剧就是在这些截然不同的性格中发生了。事情像大瀑布似的直泻而下。让娜新婚之夜空闺独守;她的不幸婚姻的倾诉;罗莎莉未婚先孕当了妈妈,托尔比亚克教士在她分娩时,把她当作产崽母狗似的一脚踢开;一对东躲西藏的夫妇在活动小屋里悲惨地死去;一个争风吃醋的丈夫快步奔向空旷原野,而"她却玉碎魂断"。这一系列故事都铭刻在读者心中,情节细腻,令人难忘。这本书宣扬的人生观,是在罗莎莉生命结束时对女主人说的话:"生活不是人们相信的那样好或那么坏。"1878 年 12 月 18 日,在福楼拜写给居易的信中,这句话几乎是原封不动地搬了过来:"事情并不是人们相信的那样好或那么坏。"此外,整篇小说都笼罩着大师的影子。在书中,人们可以找到像《包法利夫人》《情感教育》《纯洁的心》那种更为强烈的色彩和信手拈来的风格及魔力。

在出版《一生》以后,莫泊桑知道这将触动不少资产阶级的良知。但是他并没有治疗它的良方。对那些说三道四,他倒挺开心。然而,新闻界反应一上来就是良好的。保尔·亚历克西在《觉醒》

上撰文:"女人们都将相信,她们过去不同程度上都是让娜,她们将找到自己的激情,并将更为感人……身体健康结实,文风泼辣,句子刚劲有力,如运动员那样朝气蓬勃,我在书里找到了完整的莫泊桑。"然而,有的批评指责作者的悲观主义,以及"自然主义美学"。《时代》杂志专栏作家写道:"《一生》这本书不管有什么优点,莫泊桑先生比这部作品要高明得多。为什么画面是如此强烈地推向黑暗面? 正是这种悲观主义阻止福楼拜更上一层楼,使左拉在心理描写上无能为力。"针对这种颇为不恭的意见,菲利普·吉勒在《费加罗报》上反驳道:"我不知道公众舆论将这篇小说的成功捧得多高,小说获得的成功是毋庸置疑的,我要说的是……作者已迈出一大步,站得更高,他的个人风格脱颖而出。居易·德·莫泊桑先生开始时是作为左拉的学生,已开始走出学校。"

读者们急忙跑到书店去购买署名莫泊桑的新"热门货"。25 000册一抢而空,创了纪录。然而,阿谢特书店所属的车站报亭却禁止出售这本伤风败俗的书。莫泊桑在给左拉的信中写道:"在候车室里,有人在负责检查书籍的道德风化问题,认为我的书是淫秽读物。这种人是不是白痴?"《青年法兰西报》立即就这件"铁路丑闻"发表了幽默诗:

> 这个厚颜无耻的莫泊桑,
> 竟向铁路车站的贞洁挑战。
> 危险仅是对乘车的旅客,

而不会使火车转向。

请问,对旅客的危险是什么?

那就是在阅读《一生》时,

他们会满脸通红。

在文学界,人们嘲笑这种假正经。德·让泽先生就莫泊桑事件质问政府。阿谢特书店也感到此事做得太过分,收回了成命。《一生》又出现在属于这个一本正经的书店的车站报亭的橱窗上。洛朗·塔亚德为寻开心,写了一首小诗:

布尔热,莫泊桑和洛蒂,

所有车站都陈列他们作品。

人们给他们吃烤肉。

引起轰动的《一生》出版后几个星期,莫泊桑果断地决定出版《山鹬的故事》,这本书题材多样,最具有特色的是描写诺曼底乡土气息。为了介绍这部作品的特点,他亲自为书撰写简介,供书店张贴宣传。他写道:"与《泰利埃之家》《她的一生》不同的是,本书具有轻松愉快、辛辣讽刺的笔调。第一篇《莫兰的猪》,可与《羊脂球》相媲美。后几篇题材广泛,充分体现了作者的嘲笑和幽默的才能,只要阅读两到三篇就能使人感到本书不一般。"这篇"新书介绍"是写给出版商布隆和鲁韦尔的。本书再次获得成功。但是,莫泊桑已

　　　　　　　　　莫泊桑传

投入写作其他的小说和专栏文章。一年里他写了近 70 篇文章。这些文章中,有勒内·梅兹鲁瓦的《敢干的女人们》,另外一篇是为朱尔·格兰的女儿《姑娘》写的序言,还有沃男爵的《手枪手》。还有几篇纪念伊凡·屠格涅夫的文章,屠格涅夫最近在布日瓦尔逝世。[①] 莫泊桑在文章中写道:"这位伟大作家生性天真得出奇,足迹遍及全世界,认识当代所有的伟人,他博览群书,能讲欧洲所有的语言。他纯真、善良,乐于助人,对活着的和已逝的友人都忠贞不贰。"[②]屠格涅夫曾在俄国竭力宣传他的作品,这位"莫斯科好好先生"的突然去世,是继福楼拜以后对莫泊桑的又一次打击。《羊脂球》精心细致、神秘莫测的情节就已使他的作者与这位已经在小说界久负盛名的外国作家建立友谊。这两位作家都喜欢叙述简短,细节曲折,并在描写日常生活中掺入神奇的事物。

事实上,居易对他的书,特别是法文书在屠格涅夫和托尔斯泰的故乡获得的成功感到吃惊。好像这种现象只能用作者的特殊天赋来解释。俄国读者最重视的是故事编写者文章奇峰突起、真实可信和热情洋溢。他们不喜欢文笔冗长和弄虚作假,这类文章能迷惑人但不能感动人。他们喜欢内心感动而不是精神上过瘾。而莫泊桑是法国作家中最不搞那套离奇古怪的作家,他用简洁和丰富的语言同他们讲话。读者与作者息息相通。在读莫泊桑作品时,他们不必冥思苦想,而是默默承受。他们不必将问题提高到哲学高度,而

---

① 伊凡·屠格涅夫于 1883 年 9 月 3 日逝世。
② 1883 年 9 月 5 日《高卢纪事》。

是感到风土人情的魅力,灵与肉的冲突。这种深深的沟通取得了对主人公的同情和对作者的赞扬。

在国外销售其作品更加深了莫泊桑的见解,他的作品在国际上具有一定影响。他的财源从各种渠道滚滚而来。因为手头富裕,他慷慨解囊,帮助花钱如流水的母亲,她只有 5000 法郎的收入,入不敷出,还有他的弟弟埃尔维,是一个优柔寡断、软弱无能的人,他凭兴趣找工作,高不成低不就,他的一帮朋友个个生活艰难,连他都不如。然而居易也想改善自己的生活方式,决定找一个随身男仆。1883 年 11 月 1 日,他接待了一个想干这种要可靠的人才能干的工作的求职者,他名叫弗朗索瓦·塔萨尔,比利时人,是莫泊桑的裁缝推荐的。这是个年轻人,相貌堂堂,神情和蔼,留着颊髯,有点派头。当莫泊桑要他穿仆人制服时,他不干。这么一来,莫泊桑由于他相貌不错,对用不用他还是有点迟疑。有一天,弗朗索瓦·塔萨尔偶然提起,几年前他曾在莫利罗街一户人家当差,有幸侍候过福楼拜用餐。他还特别指出,女主人先于其他夫人向这位尊贵客人递菜。莫泊桑有感于此事,忘了说要穿仆人制服的要求,立即雇用了这个比利时人。他不会因此后悔。从这天开始,弗朗索瓦·塔萨尔对莫泊桑忠心耿耿,细心照料他,很听话,对主人毕恭毕敬,成为伟大作家的心腹。① 然而,他在"居易特"工作时,有一次也想退缩不干了,

① 弗朗索瓦·塔萨尔侍候莫泊桑直到逝世。他还在一位记者帮助下,写了两本对主人的回忆。第一本是《回忆莫泊桑,一个随身仆人的回忆》,出版于 1911 年;第二本是《新的回忆》,出版于 1962 年。他于 1949 年 1 月在鲁贝逝世,享年 93 岁。

那是莫泊桑向他指出那条翻倒的渔船将作为他的卧室时。他写道：
"这里有一股难闻的气味，一种松树和沥青的味儿，直冲鼻子。我的房间实际上是新翻修用于旅行的大棺材，我能躺下，但睡不着……第二天，我的主人问我在破船里舒服不舒服，我说谢谢。他说搞到这只船也不易，当地的别墅都想把它当作接待朋友的卧室。"

天气一变冷，莫泊桑和弗朗索瓦·塔萨尔就回到巴黎。回到城市，居易又是那套工作习惯和频频外出。当然，他相隔很久才看他父亲一次，父子感情较疏，既怜悯他又有些厌恶他。居斯塔夫活得挺自在，在斯托尔兹任职，挣钱不少。居斯塔夫有空时挑一些他喜欢的景致来写生作画。他甚至不时地在法国艺术家沙龙开画展。然而，他自叹命薄，认为儿子抛弃了他。他说："唉！可怜的居易还没有个家，除了他母亲对他能起很大影响外，他不把家当回事。"居易对弟弟埃尔维也不大关心，在他看来，弟弟是个倒霉蛋。这位年轻的时髦作家真正的乐趣在于在他的生活圈子外。对沙龙里那种装模作样的风气，他虽厌恶，却不可缺少，就像服用毒品一样。那些上流社会女子，她们的恭维话是莫泊桑所重视的，这些女子对他有吸引力，但又使他厌烦。他说："她们有个性，这是真的，但是她们的个性都是一模一样的，就像加了奶油的糕点。因为她们接受了耶稣圣心的教育。她们总是说同样的话，用同样的词，这就是糕点！后来她们在民间收集的所有平庸的词语，那就是奶油！"①

---

① 弗朗索瓦·塔萨尔引用的话。

在这些"会说话的洋娃娃"面前,居易在大部分情况下是沉默寡言,不哼不哈,不以为然。他无法应答。他担心她们会笑话他。乔治·德·波托-里什指出:"仔细一看,我觉得他像农民,像农民那样,既愤世嫉俗又滑稽可笑,既忍气吞声又狡猾诡诈,成天想入非非且放纵无度。"他又说:"居易·德·莫泊桑成天最关心的事是不要上当受骗……那些女人成天找他,对他阿谀奉承……但居易·德·莫泊桑并不放在心上。有时他也为之心动,这是一个精神上的性无能者。"泰纳给他取了个绰号:"可悲的公牛"。而龚古尔在他身上看到了"诺曼底年轻马贩子的形象和气质"。他对上流社会女子表示失望,对他的同事们也表示失望。作家们的欢宴已提不起他的兴趣,他在左拉家、龚古尔家,或者在饭馆和咖啡馆消磨时间。有时,他对自己的工作也灰心丧气。他承认:"我的三分之二时间都挺难熬。另外三分之一时间我写文章卖高价,这是为了对讨厌的工作的安慰。"①他还带着辛酸和空虚的口吻说:"我是一个制造文章的工业家。"

居易为了换换环境,决定搬到蒙夏南街 10 号,一家由他表兄弟、画家路易·勒·普瓦特万盖的旅馆的底层,但搬家装修比较费时。于是他就到蓝色海岸。但在那儿,他脑子没有休息。他接受了为福楼拜和乔治·桑通讯作序,但又想是否该干这种冒失的出版的事。相反,他对出版商康坦出版福楼拜全集是怀有一种孝心的。他

---

① 1884 年 4 月给玛丽·巴斯基尔特塞芙的信。

莫泊桑传

趴在《布瓦尔和佩居谢》浩瀚的注解中,小心翼翼、一字一句地推敲,不让人挑出一点毛病。亨利·鲁戎说:"这本书什么都有:有逸事,有俏皮话,有闪光,有废话,有笑话,也有思想……既庄严也有稚气。莫泊桑一看到这样的评语深感亲切:'一本厚厚资料中全是政治家们的蠢话。'他看到一张信笺,也就是一张带蓝格的极为普通的信笺,不禁大笑起来,因为信笺上有福楼拜工工整整地写的一段评语:'此事令我厌烦:钢笔尖、不透水纸,阿卜杜尔·卡德尔。'莫泊桑一直把这份手稿视为无价之宝。"①

在戛纳旅居期间,房间不慎着火。他的《诗选》样书付之一炬,其中还有为再版而收集的大量校订文字。这是不是个定数?诗歌对他来说已成为过去。他下决心不再写韵文而只写散文。他生来就是每天要为人生歌唱,这是粗浅的真理,男子汉式的绝望。此外,他在行李袋里还有另一部长篇小说,他在写给出版商哈佛的信中说:"您跟我要小说,这些小说不怎么样。我的眼睛日益不济,我想这是由于工作太劳累……我已完成《漂亮朋友》。我只要再看一遍,最后两章再斟酌一下。再干六天,它就可以完成。"②

---

① A.伦布罗索:《回忆莫泊桑》。
② 1885 年 2 月 21 日的信。

第十一章 《漂亮朋友》

莫泊桑在戛纳期间，享受着温和的气候，并用辛辣讽刺的眼光审视周围上流社会的各种人物，这些人风度翩翩，自命不凡，他从这里找到小说的主人公。确实，一段时间以来，他意欲构思农村或市镇的生活面，探求出身高贵、家财万贯的特权人物的世界。在时髦的海水浴场，吸引着贵族和财团的精英，人们可以很好地观察这些人物。爱德蒙·德·龚古尔指出："居易·德·莫泊桑跟我说过，戛纳对他来说是获取写作题材的好地方。德吕内家族、萨冈公爵夫人、奥尔良家族都在那里过冬。比起巴黎，大家更容易接近，能畅所欲言。在那里可以听到很多，知道得很多，对写小说时表现世界、表现巴黎社会以及他们的爱情很有帮助，那里可以找到许多男男女女的典型。"[1]

---

[1] 龚古尔：1884 年 12 月 24 日《日记》。

莫泊桑像间谍一样钻入这个自命优越的富裕的有产阶级里面。他在那些高贵的夫人面前炫耀自己，那些夫人却对他颇为高傲，他心里发誓要在哪本书里报复她们，并想把她们都搞到床上羞辱一番。同时，当有的高贵夫人乐意奉承他时，他也感到有点受宠若惊。莫泊桑习惯跟平民女子与妓女交往，有时真想跟这些名门闺秀开几个玩笑。因此，有一回，波托卡伯爵夫人出于开玩笑，给他送来六个芳香洋娃娃，他给她送回时，肚子里塞满了破布，意思是刹那间全都怀孕了。洋娃娃手中有张条子："全都在一夜之间。"事后，他觉得这事有点出格，感到不安，以后不能再与这位生性活泼的公爵夫人捣乱了。他定神以后，写了一封信："谢谢不为洋娃娃事记仇，我深表歉意。"在同一封信中，他对经常出入戛纳社交界吐露怨言："人们称之高雅的社交界既少思想，也少智慧，什么都缺少。响亮的名字和家财都不说明问题。这些人给我的印象就像是绣花枕头稻草包……当仔细观察普选和普选出来的人，人们真想收拾那些选他们的人和干掉他们选出来的代表。但是，当人们仔细观察那些统治我们的公侯王族，那就只好当无政府主义者了……啊！我可不是溜须拍马之徒。您知道，那些大人物给我的是什么感觉吗？傲气十足，前所未见。好像我是个王子，在跟一群还只是听启蒙故事的小孩闲聊。"

　　居易在抨击贵族之后，对收信人隐隐约约地表示了爱慕之情，这位伯爵夫人也属于贵族血统，信中说："但是，我想和其他我喜欢交谈的人聊聊。您认识她们中的一位吗？她不认为必须尊敬上帝

(什么风格!),她的思想、见解都是坦诚的,不怀敌意(至少我认为如此)。可能这就是我为什么如此经常地想念她,她的个性给我的印象是非常坦率、平易近人、富于魅力的。这是令人吃惊、难以预测和富于诱惑力的女人。"后来,他跟她谈起"难以表达的精神和谐,这种和谐使之达到精神和肉体的难以捉摸的愉快,直至紧紧握手"。最后,他用这样的话来作为结束语:"夫人,我将把我的能使您愉快的任何东西送给您。"①

　　这封满篇都是献殷勤的信是写给埃马纽埃拉·波托卡伯爵夫人的,她是皮尼亚特利·迪·塞尔加里亚公主,现为奥匈帝国使馆随员尼古拉·波托卡伯爵的妻子。众所周知,这对夫妇已分居,尼古拉与埃米利埃娜·达朗松保持暧昧关系,对妻子的社交来往根本不介意。埃马纽埃拉在法利特兰街 27 号豪华的旅馆里有一个巴黎式的沙龙,接待画家、音乐家、文学家、医生、贵族、波兰流亡者等乱七八糟的人物,她以姿色、风骚和潇洒举止使她的崇拜者倾倒。她性格暴烈、精神忧郁,容光焕发,还服麻醉品,莫泊桑对她献殷勤,一会儿像猫,一会儿像老鼠,而她征服了他。莫泊桑送她一把扇子,上面题了一首诗:

　　　　我的情趣在何方?

　　　　有人说我放纵浪荡。

---

① 1884 年 3 月 13 日的信。

今日往事已不再，

我已皈依，有虔诚信仰。

我相信那不是梦幻，

宽恕我吧，我的上苍！

因为我似拥有了"夏娃"，

那是我的圣母娘娘。

她在家里组织了一个令人啼笑皆非的宴会即"死人宴会"。每位来宾必须扮演一位因做爱衰竭而死的风流鬼，演完后，可以得到一个蓝宝石色的镶有女巫师的姓名第一个字母的伯爵冠冕的小饰物。其背面有用蓝色搪瓷写的字："生死与共"。这些向伯爵夫人献殷勤的人周五都来赴约。他们竞相表演滑稽动作以博得女主人欢心。这些宾客中身份最高的贝尔博夫侯爵夫人①身穿杂技演员的紧身衣，做空中杂技表演。在隔壁练剑室里，一些男人光着上半身，拿着刷子当剑进行滑稽可笑的决斗。那些镇定自若的仆人在送菜。大家捧着镀银餐具美餐一顿。宴会往往以狂欢结束。温顺的丈夫对参加这种活动也并不反感。然而，埃马纽埃拉头脑冷静。她挑起男人欲火，感受到一种反常的快感。但她从不开放她那围着金色围栏的房门。她穿着华丽的长袍，脖子上打着纱领结，胸前挂着一串珍珠。有人说，她身上散发的诱人的香味，是盖尔兰特意为她

---

① 索菲-玛蒂尔德-阿代拉伊德·丹尼丝·德·莫尔尼，公爵的女儿，1881 年嫁给贝尔博夫侯爵。

配制的。她不涂脂抹粉，脸色苍白。她梳着"处女型"的软帽式发型，她的眼神既是咄咄逼人，又是默默相许。莫泊桑评价这位妖艳的美人鱼时，说她既有女性的狡诈，又有文雅的智慧和贵族的高傲气质。①

正当居易领受波托卡伯爵夫人半推半就的温情时，他在戛纳接到一封不知名的女郎的来信，令他十分心神不安，信中写道："先生，我有幸拜读您的作品。您热爱大自然的真善美，并从中找到真正的诗情雅意，那里表现了人类真正的感情细节牵动了我们的心，而您又喜欢专一的爱情……您才能卓越超群以至人们浪漫地想成为您美好灵魂的知音……一年来，我一直想给您写信，我相信我已对您倾心，而这样做并没什么困难。突然在两天前，我在《高卢人报》看到有人要求您赐以书简，您要求这位好人提供地址以便复信。这一来，我有点妒忌了……而我在这里该怎么办。现在，您听我说：我是一个陌生人，确实，我甚至不愿意远距离看您，您的面孔也许使我不快……我只是知道您很年轻，还没有结婚，就这基本两点，像拨开乌云重见青天。但是我告诉您：我是温情脉脉的女子，这种柔情蜜意会激励您给我写回信。"

莫泊桑颇为惊奇，看了看签名和地址："巴黎，马德兰局，留局自取，R.G.D.夫人。"他可以把信一扔了之。但是，女性的神秘感刺激他。谁知道会不会是诱人的艳遇呢？总之，对这种送上门来的女子

---

① 波托卡伯爵夫人于1901年离婚，住在泰奥菲勒-戈蒂埃街41号。她于1934年在贫穷孤独中去世。人们发现她时，尸体已经被耗子啃过。

要谨慎对待,因为他已经出了几本书。他回信中写道:"当然,我的信并非您所等待的,留局自取者,我们可以理智地谈谈。您要求当我的红颜知己?以什么名义?我对您一无所知。为什么我要对您这个陌生女郎说,您的思想,您的本性,其他的一切都和我这个知识分子气质完全不同,这就是我可以高声地、亲切地告诉那些愿意做我朋友的女人?……对一个不知道其体质、发色、笑容、目光的人写亲密的信,内心想的是什么呢?……我回答陌生女郎的来信,这两年大约有五六十封。我如何从中挑选知音,您说呢?"[①]

　　莫泊桑以为这样一来可以使来信者哑口无言。但是这位女郎来信时更为放肆和热情:"先生,您的信并不使我吃惊……对温情和神秘感,那是看各人的口味。这不使您感兴趣;好!对我却很感兴趣,我诚心地为之祝愿,您的信引起我童稚般的欢欣,就是这么回事。此外,如果您不感兴趣,那是您的来信者不知道引起您的兴趣,这就是问题的所在;如果我也不知道恰到好处,那是我太理智了使您会恨我。仅仅是 60 封(陌生女人的信)。我相信会有更着魔的。您都对她们回信了吗?……我最大的遗憾在哪里呢?至少您要与我待几天以证明我不够资格当第 61 号……然而,如果您只要以体貌、以无嗅觉的古老的心灵来吸引我,人们可以举例这么说:金黄色的头发,中等身材,1812 年或 1863 年之间出生的人。而在品行方面……不,我的神态举止是值得骄傲的,因此我可以告诉您,我是马

---

① 1884 年 4 月的信。

赛人。"

居易感到这是跟一个戴着面罩的年轻女郎进行套皮头的花色击剑比赛。这个游戏使他很开心,于是又提笔写道:"是的,夫人,收到了第二封信!这事使我吃惊。我隐约地有这么个想法,我说的话可能失礼。既然我不认识您,我只得这么做。好吧!我给您写信,那是我特别心烦……"

在她的上一封信中,对莫泊桑发表在《高卢人报》的中篇小说《野性的母亲》提出批评,她信中说:"都是些陈词滥调,老太太向普鲁士人复仇。"居易立即辩护,既有愤怒,又有点醒悟:"老太太向普鲁士人复仇,您指责我是陈词滥调,但是,什么都是陈词滥调,我只能如此干;我只知道这个。所有的思想、语句、争论、信仰都是陈词滥调。这不过是其中一篇,一篇有力的、带有稚气的、写给陌生女人的一篇作品吗?"

最使莫泊桑恼火的是,他是个头面人物,她对他的事知道得不少,而他对她一无所知,双方不是对等的。他接着写道:"确实,您可能是一位我感到有幸遇到的年轻和可爱的女人,有一天我会吻您的手。但是您也可能是一位饱读欧仁·苏小说的老门房。您也可能是一位成熟的、瘦骨嶙峋的、有文化的伴读小姐。您确实很瘦弱吗?不太瘦,是吗?我对骨瘦如柴的通信者会感到遗憾的……您是上流社会的吗?或者是一个多情善感的,或是普普通通、富于浪漫色彩的,或者是一位忧思重重、自我开心的女人?"突然,他又幽默地自我表白,目的是让她泄气:"您知道吗?我不是您要找的那种男子,我在诗歌上什么也没有做。我对一切都冷漠视之……这是我的心里话。夫人，您是怎么想的？对不起您会觉得我太随便。给您写信，就好像在地道里走路，生怕掉到陷阱里。您用什么香水？是不是个嘴馋的人？您的耳朵怎样？您的眼睛是什么颜色？是个音乐家吗？我不问您是否已结婚。如果没有，您得肯定回答是。夫人，吻您的手。"

反驳接踵而来，她笔锋尖刻："好啊，原来是这么回事，您心烦，并对一切都无所谓，您也没什么诗才！……您以为这会使我胆怯！我看您是这么一个人：挺着个大肚子，穿着短小质次的背心，最后一个纽扣未系好。就这副样子，我还是没有嫌弃您。我就是不明白您怎么会心烦，而我，倒有时有点伤感、灰心，甚至愤激，但我没有感到心烦过，从来没有……您不是我所要寻找的男人……除了您，我谁也没找过，我认为男人不应该只是女强人的附属品。总之，我直率地告诉您，并回答您的问题，因为我不喜欢拿一个有天才的男人的天真无知来寻开心，这种人总是在饭后抽着雪茄打个盹。瘦骨嶙峋，不，但也不胖……我用什么香水？是一种很贵的香水……对，是贪嘴，更确切地说就是嘴叼。耳朵小小的，有点不太端正，但非常可爱。一双灰眼睛。爱好音乐……如果我没有结婚，哪有工夫读您那些糟糕透了的书？对我的温顺，您满意了吧！如果是这样，那就再解开一个扣子，在夕阳西下时想念我；如果不是这样，那就糟糕透了……我能问您哪些是您爱好的音乐家和画家？如果我是个男人不也会这样的吗？"

这封信还附了一幅速写:一个胖男子靠着海滨,坐在椅子上,旁边有棵棕树;在他前面有张桌子,桌上有啤酒杯,还有雪茄。这位陌生女人在戏弄她喜欢的作家。她狠狠地抽了一鞭子:"啊!现在我算看清您了,您是路易大帝中学的六年级教师。我承认对这有点怀疑,您的信纸上有吸鼻烟的怪味。这样,我将不当献殷勤的人了(我过去是这样的吗?),我将把您当作大学生,也就是当作敌人。啊!一个狡猾的人,一个迂夫子,啃拉丁文的书呆子,您想充当漂亮女人!……"

莫泊桑由于抨击而处境尴尬,但慢慢缓过劲来。总之,最使他伤心的是,这位女士的信中说他是个大腹便便和昏昏欲睡的懒虫,而他是以肚子扁平肌肉发达引以为豪的。他十分自慰地纠正这种描绘:"1.肚子不大;2.不抽烟;3.我不喝啤酒、葡萄酒、白酒,只喝白开水。摆啤酒杯不是我感到幸福的习惯。我经常按东方人习惯躺在长沙发上。您问我在当代画家中喜欢谁?米勒。音乐家呢?我讨厌音乐。实际上,比起各种艺术来,我更喜欢漂亮的女人。我将美食、真正的宴席、稀罕的宴食放在漂亮女人同等地位……您还想知道细节吗?我向您打赌,我爱好划船、游泳和散步。现在,我告诉您这些知心话,迂夫子先生,既然您已经结婚,那就讲讲您的妻子,您自己和您的孩子吧!您有女儿吗?如果有,我求您,多想着我。"为了刺激对方回信,还附上这样的话:"几天后我回巴黎,住址是杜隆街83号。"①

实际上,"迂夫子"是24岁的俄罗斯姑娘,患肺结核已经晚期,自知不久于人世,她有杰出的绘画才能,她写日记,希望她的内心记录会使她在身后永存。她娇惯、任性、爱撒娇,但又是有勇气面对悲剧般宿命的女子,名字叫玛丽·巴斯基尔特塞芙(爱称穆西娅),医生说她生命只有几个月了。在她生命最后的日子,她还轻浮地用书信来打情骂俏,并激怒和戏弄莫泊桑。1884年4月15日,在接到莫泊桑的第三封信时,她在日记中写道:"我在家给陌生人(居易·德·莫泊桑)写回信,这就是说我对他来说是陌生人。他已给我回了三封信。他不是人们崇拜得五体投地的巴尔扎克。现在,我遗憾的是没有给左拉写信而是给他助手写信,这位助手有才华而且是才气横溢。在年轻作家群中,他是最使我钦佩喜爱的。一天早晨,当我醒来时,很想由一个行家来评价我说的那些好事,这个行家我寻找过,我认定是这位作家。"

在第四次给莫泊桑回信时,她满怀喜悦地化名为约瑟夫·萨万唐,并用"迂夫子"的口吻开起玩笑。她写道:"我利用圣周的闲暇又拜读了您的全部作品。您确实是好样的,先生,这是无可争议的。我从来没有这样完整地,并且一口气地拜读您的全部作品,记忆犹新。它使我所有的学生神魂颠倒,并且把所有基督教徒搞得心烦意乱。而我,根本不觉得害臊,只是感到惊讶,就是您的思想高度集中

① 1884年4月3日的信。这一天,莫泊桑还没有搬到蒙夏南街10号。

于感情(小仲马先生称为爱神)的描写令我折服。这种感情定会使人着迷,也可能会令人惋惜。因为您颇富有这方面天赋,您的农民题材的小说写得很棒。我知道您写了《一生》,这本书充满了憎恶、伤感和沮丧。这些感情宽恕了别的事情,而且经常出现在您的小说中,这就使人相信您是一个高尚的人,饱尝人生的苦难。这使人感到心碎。我想,这种悲叹是福楼拜思想的反映。"

这种受福楼拜影响的比喻证明,这位陌生女子观察敏锐,使莫泊桑心灵受到践踏。信中还坦率地讽刺:"您厌恶音乐,这可能吗?……桌子,女人!但是,年轻的朋友,要小心,这会转向粗俗不堪,我这个迂夫子不会跟您到这种灼热的场所。您说喜欢艺术,但更喜欢女人,这话当真吗?您在嘲弄我!请原谅我说话颠三倒四,别让我长期接不到您的信。您对女人真没个够,祝您如愿以偿……请告诉我,焦虑地期盼。您忠实的仆人——约瑟夫·萨万唐。"

接到此信,莫泊桑既恼火又高兴,他用"蛙泽号"快乐的水手生硬的口吻给玛丽·巴斯基尔特塞芙写了回信:"亲爱的约瑟夫,我们相处到现在,我想可以用'你'来相互称呼了吧,是不是?好吧,我就用'你'来称呼你,如果你不高兴,那就算了吧!……你可能知道,对一个教天真无邪年轻人的老师来说,你讲的那些事并不呆板。怎么,你觉得一点都不害臊吗?你在读书写作也好,讲话和行为上都是如此吗?我对此有点怀疑。而你只相信有些事逗我乐!我难道嘲弄了公众?可怜的约瑟夫,天底下没有比我更心烦的人了。为这类事力或费劲我看不值得。我没日没夜地毫无希望地心烦,而我并不希望、也并不期待什么……因此,既然我们坦诚相待,我告诉你,这是我最后一封信,而我开始觉得这已经叫人够受的了……我无意结识你。我相信你长得很丑,我觉得我给你的亲笔信已够多的了。就其内容来讲,你难道不知道它值 10 至 20 苏吗?……我想离开巴黎,我早就厌倦这里的生活,我准备去埃特尔达,一个人在那里待着,改变一下生活。我非常喜欢独自一人。这样我虽心烦,但可以无言无语。你问我确切年龄,我生于 1850 年 8 月 5 日,还不满 34 岁。你满意了吧!你现在想要我的照片吗?我告诉你,我不会给你的。是的,我喜欢漂亮的女人,但有时我也对她们挺厌恶。别了,我的老约瑟夫,你还要什么?我想最好是把它遗忘。"

玛丽接到这封信时,就像脸上被泼了一桶脏水。她惊呆了。1884 年 4 月 18 日她在日记上写道:"正如我所预料的那样,我和这位作家之间,一切都完了。他的第四封信写得既粗鲁又愚蠢。"但是,她禁不住向这位粗野家伙进行报复,他要是戏弄她,她就用针刺他:"这就是你想欺负一个女子的报应?这样至多不过是不谨慎而已?她漂亮吧!……我想你可能想方设法要羞辱她……为什么我要给你写信呢?一天早晨我一觉醒来,发现我是个少有的蠢货,我真是对牛弹琴。假如我给名人,一个值得我了解的人物写信,怎么样?这可能是一件动人的、浪漫的事。但谁能知道呢?写了这么多信,可能会成为一个朋友,这种关系是在异乎寻常的情况下而建立起来的。于是,人们会想这是谁呢?我会选择你做朋友……正如您所说的,我们相处至今,我承认收到您这封卑鄙下流的信后,我整整一天过得很不自在。就像是真的受到侮辱,受到了伤害。这实在是荒唐。让我们高高兴兴地分别吧! 如果您还保存着我的亲笔信,就把它寄还给我吧。至于您的信,我已以高价在美国出售了。"

居易本该为摆脱这个女疯子而感到庆幸,他既没有见过面,也不知道她的名字,有时挑逗献媚,有时破口大骂。因而,把这封信放到抽屉时,他感到很内疚。他渐渐地又想到文字游戏。他待在埃特尔达时,又写了一封信,信中说:"我是严重地伤害了您吗? 夫人,别否认这一点,我为此挺挂念。我真心地请求您原谅……您知道在歌剧院舞会上怎样认识社交界妇女吗? 那就是要取悦于她。那些姑娘习惯于这样,并简单地说声:完了。而其他女子则发火。我刺痛了您,确实有点失礼,我承认这点,而您生气了……现在,我请求原谅……夫人,请相信,其实,我并不像对您所表现出来的那样粗暴、怀疑、失礼。但是,我对那些陌生的男人和女人,对那些神秘的事,我是不由自主地不信任。对戴面具的人,我也得戴上面具。这种干仗是好意的。然而,通过这种计谋,我看到您性格的一角。我再次请您原谅。我吻您这只提笔的不相识的手。您的信由您处理,但我只能交到您手中。啊! 我为这事得跑到巴黎去。"

突然,玛丽·巴斯基尔特塞芙内心充满柔情和虚荣心。她在4月23日的日记中写道:"罗莎莉从邮局自取信箱给我带回了居易·德·莫泊桑的一封信。这是第五封信,也是最好的一封信。我们不再相互生气了。后来,他在《高卢人报》写了一篇挺讨人喜欢的专栏文章。我看后,心情平静了许多。这太有意思了! 这个我不认识的男人占据了我所有的思想。他想我了吗？他为什么给我写信呢？"原先她已决定销声匿迹，可是，她看到这封信后又一次产生希望："如果您坚持，我可以原谅您，因为我生病了，这种病我从没有得过。我对自己、对别人以及对过去想尽办法使我不快的您都是有同情心的。怎么向您表示我不是个轻浮的人，又不是敌人呢？……当然也不能向您发誓我们这么干是为了相互了解。您对我来说无关紧要，我真后悔，除了看到您或其他人的所有高贵品质，再也没有什么东西能使我高兴的了……好吧，忘了我们过去的一切吧！"

莫泊桑还给她写过一封措辞得体又带有讽刺味以及有点悲观厌世的信："在生活中，男人、女人和事情结果对我来说都无所谓……也就是烦恼、轻浮与不幸……夫人，吻您的手。"这封信没有得到答复。傲气十足的玛丽·巴斯基尔特塞芙决定停止寻开心游戏。她没有料到莫泊桑已经识破了（不知道用什么办法）她是用匿名，也没有料到他不再需要和她通信感到如释重负。七年以后，莫泊桑写信给另一位年轻的俄罗斯姑娘（住在尼斯，名叫波格丹诺夫，她接二连三地给莫泊桑写了许多热情洋溢的信）："其实我给巴斯基尔特塞芙小姐写过回信，但是我从来没有想见到她……后来她死了，我也没能结识她。她母亲还有十几封是她给我的信，这些信没有寄给我，我也不想知道其内容，虽然我曾经再三提出过要求。"①

不管莫泊桑是否遇到过玛丽·巴斯基尔特塞芙，他的作品和他

---

① 1891 年 11 月 10 日的信。玛丽·巴斯基尔特塞芙死于 1884 年。

本人受到少女们的喜爱和迷恋，这是确实无疑的，他本人为此颇为得意。在埃特尔达，他将时间用在运动、写作和寻花问柳上。他早上8点起床，连早饭都不吃，工作到中午。以后，用冷水在盆中冲洗，中午饱餐一顿。午后，他用手枪射击40或50发子弹，他当着随身仆人弗朗索瓦·塔萨尔的面射击，仆人为之惊叹。然后他去看大海。有时，他游泳直至精疲力竭。但是，每天早晨他得洗眼睛，他眼睛疼得难受。他还有剧烈的偏头痛。他对弗朗索瓦·塔萨尔说："我得涂点凡士林，如果11点还不缓解，我要吸点乙醚。"尽管他感到身体不舒服，还是赏光到"居易特"，那里许多年轻女人在等着他。周围的邻居以为他在那里组织娱乐晚会。无论是在外省还是在巴黎，他都充当贪得无厌的公驴。他既睡女人又要大量写作。在几个月内，他出版了大量的小说，如：由哈佛出版社出版的小说集《阿里埃特小姐》，奥兰多夫出版的《龙多莉姐妹》，再版《在月光中》，以及给《费加罗报》撰写了一部长篇小说《伊夫特》。关于《伊夫特》他写信给哈佛说："我不希望这部小说单独出版，我好像给了这部作品它原本没有的分量。我曾想按照弗耶的优美学派创作出一种模仿作品，作为文学上的一种派别。这是一部很一般的小作品，当然也不值得研究。小巧玲珑，但又不是那么过分。"①

不过，这部他并不看重的作品是他所有作品中最完美的作品之一。这部作品描绘了一个名叫伊夫特的姑娘的灵巧的、朴素的、感

---

① 1884年10月2日的信。

人的形象,她的母亲是高级妓女,她自己则在这种糟糕的环境中天真无邪地成长。有一位漂亮时髦的男子让·德·塞尔维尼爱上了她,此人也像莫泊桑那样热爱"体育、剑术、淋浴、蒸气浴",他爱上她纯粹出于肉体的冲动。莫泊桑写道:"这位被生活搞得精疲力竭的男子喜欢女人,到处寻花问柳,在这位性格独特、皮肤娇嫩、富于刺激和难以理解的姑娘面前,他被激起了肉欲。"但是,让·德·塞尔维尼早已知道,他所钟情的伊夫特是个纯洁、爽直的姑娘,由于命运所驱使,"她从少女变成为妇女,这是轻而易举的事"。而伊夫特,她在一次梦想中看到自己母亲在一个情人怀中,这才领悟到,一个由情人供养的女人所处的是被人侮辱的地位。她惊恐万状,企图用氯仿自杀。但是她真愿意死吗?她难道不想偷偷地享受一下人生的乐趣吗?这种保存自己的本能比失望与羞辱更为强烈。于是她振作起精神,向命运屈服,同意进入会损害尊严但能生存下来的"包着黄金的妓院"。在这篇辛酸和甜蜜的故事中,作者倾入了在塞纳河上划船的回忆和对上流社会和世俗的观察。此外,他在校改《伊夫特》手稿时,还着手写了长篇小说《漂亮朋友》,这是以这部中篇小说所拟的主题扩大而写成的小说。1884 年 10 月 26 日,他走出"居易特"的办公室,朝着正在为他准备饭食的弗朗索瓦·塔萨尔走去,高兴得叫了起来:"我的《漂亮朋友》写完了,但愿这部书能满足那些要求我写长篇的人了……至于新闻记者,那请他们自便:我等着他们!"

随着这部长篇小说在新闻界流传,对新闻记者可能的反应也日益得到证实，这是莫泊桑早就察觉到并已指明了的。主人公乔治·杜洛瓦是一位一文不名的、体魄健壮的冒险家。他留着小胡子，仪表堂堂，诺曼底的出身家世，无神论思想，骗术，对爱情的鄙视，诸如此类特点，就像是对作者本人的素描。此外，莫泊桑喜欢人家叫他漂亮朋友，有时甚至在送别人书时签上这个外号。但是，与他不同的是，这本书的主人公是不择手段的狡诈之徒，他最初的文章是叫他的情人写的。尔后，为了保证他的前程，不动声色地、肆无忌惮地利用一个又一个女人，不到三年时间，他财源滚滚，青云直上。莫泊桑在生命的旅途中，怀着难以平静的心情回忆起当时殖民时期所做的事情，大金融集团所施行的阴谋诡计，拙劣作家们进行的肮脏竞争以及妇女们在一个受人任意摆布的社会中所起的主要作用。这些正是巴黎生活的真实写照，也是那些趾高气扬的投机分子的研究课题。说到底就是金钱和女人。肉体的爱是贪污、敲诈和受贿的温床。他吃吃喝喝、睡女人、逛窑子、上击剑场、到乡间呼吸新鲜空气，在这些日常生活中，超越一切的念头是：踩倒别人往上爬。

在杜洛瓦周围，有几个骚娘儿们围着他转。福雷斯捷夫人是个非常有头脑的政客，起初，给杜洛瓦当"捉刀人"；管他生活的德马雷勒夫人，一头淡褐色头发，知道他另有所欢，不但不计较，反而原谅他，跟他通奸偷情，成天鬼混；那位哭哭啼啼的瓦尔特夫人是个"很痴情的老主妇"，想尽办法守住她年轻的情人；风月场女子拉谢尔，还有小洛丽娜，那个野性十足的纯情姑娘，她看见她母亲在客厅里接待一位漂亮的男人，神魂颠倒。"漂亮朋友"像耍魔术似的引诱她们上钩。最使这些太太开心的是当他的小胡子触到她们的皮肤上时,既痒痒又温柔,使之直打哆嗦。莫泊桑写道:"翘起的小胡子,好像是嘴唇上的小刷子。"可能作者也想到他自己那副使多少伙伴羡慕不已的小胡子。他在《漂亮朋友》里描写的芸芸众生,包含着腐朽和夫妇隐私。不管是谈女人、谈记者、谈银行或谈政治,他并没有矫揉造作。但是,正如他同弗朗索瓦·塔萨尔说的那样,他害怕公众的反应和批评。而这本书比《一生》更有过之而无不及。

在等待"事实的考验"的时候,莫泊桑终于决定搬入蒙夏南街①10 号底层的新居。装修房子费了很大劲,花了不少钱。他希望环境既富丽堂皇又富有特色。在餐具方面,当然要鲁昂的陶器。地上铺熊皮,写字台、座椅是荷兰式的。房间里还到处摆放着镀金的菩萨和彩色木头圣像,一块长布盖着钢琴。还有亨利二世的床、文艺复兴时代的碗橱。在梳妆台上,放着给女宾用的扑面粉和香水瓶。玻璃暖房里还种着植物。珍珠和灯芯草编的帘子挂在房间之间,使每个过客碰到时叮当响。乔治·德·波托-里什觉得这所房子"又热、又闷,但很香,充斥着乱七八糟的小玩意"。

爱德蒙·德·龚古尔在拜访了他富裕的同事后,万分震惊。他在《日记》中写道:"多么奇特的家具,真是难以置信! 好家伙,婊子的梳妆台。这就是我所说的居易·德·莫泊桑的家具。不,我还没有见过这样讲究的家具。你们想想,一个男人房里,竟是墙壁用天

---

① 今为雅西-班热街。

蓝色护墙板装饰，板周围是栗色的，壁炉玻璃上用长毛绒布盖了一半，上面放着一套塞夫勒产的青绿色瓷器，瓷器上镶嵌着铜，与市场上廉价购买的家具不同。木质门上面画有展翅高飞的天使，来自埃特尔达一座古老的教堂。上帝啊，你把如此一个可憎的爱好赠给了一个有才干的人，这确实有点不公。"①

　　房间被家具塞得满满当当，芳香扑鼻，有一股轻佻女人的味道，莫泊桑自我欣赏他的杰作。但是他在这里住的时间也不长，他有时到埃特尔达，有时又到戛纳探望还在生病的母亲。1885年4月初，他到罗马进行了一次长途旅行，他与画家热尔韦、新闻记者乔治·勒格朗同行。戏剧家和小说家亨利·阿米克与他们在那不勒斯会合。

　　居易认为，在艰苦的创作后，生活环境的改变是理想的药物。他本以为意大利风景都令人赞叹，但威尼斯令人失望，他也不喜欢罗马。由于对绘画的爱好，他倒比较喜欢墨西拿。他在给母亲的信中写道："米开朗琪罗画的《最后的审判》好像是由一名不在行的烧炭人画的展览画，这是昨天我与热尔韦和罗马学校学生共进晚餐时他们提出的看法。他们都不知道这幅画为何令人钦佩的来历。拉斐尔的《住所》是很美的，但不怎么动人心弦。圣彼埃尔像肯定是最大的、品位低的塑像。在博物馆里，除了一幅委拉斯开兹的画值得赞美，什么都没有。"

----

① 龚古尔：1884年12月18日《日记》。

他从罗马回到了那不勒斯。他对这座城市情有独钟:弯弯曲曲的街道、生虱子的乞丐、眼睛炯炯发光的妓女、散发着香味和臭味的教堂、不时飘出热面味和蒜味的意大利馅饼店。他参观游览了埃尔库拉南,通过缆车登上维苏威山,然后起程到卡普和伊西亚。1885年5月15日,他在拉古萨给埃尔米纳·勒孔特·杜努伊写信,信中说:"我早晨四五点钟就起床,然后驱车或步行。我看见了古迹、山川、城市、废墟,还有风景各异的令人吃惊的希腊庙宇,然后又去看火山,小火山喷泥浆,大火山喷火焰。一小时后,我们要登上埃特纳火山……我的胃口不大好,眼睛也不行。但是我的心脏像时钟似的走得很正常,我爬山时没感到什么不舒服。"

在游览和探险期间,他一有时间就看书,或者不如说是叫人给他读(因为眼睛长期有病),他看到左拉的《萌芽》,为他最近出版这本小说表示祝贺:"您在书中写了这么多令人感动和过着禽兽式生活的人物,他们在贫困和愚昧中生活,在一群衣冠楚楚的人群中,他们穷极潦倒,衣不裹体,过去没有一本书能写这么多生活或这么多事情、这么多的人物。"①现在他还急着要回巴黎参加《漂亮朋友》的发行仪式。他途经罗马时和保尔·布尔热一起拜访了普里莫利伯爵。应莫泊桑的请求,这位伯爵把他们带到军妓院。布尔热坐在客厅里,而居易则欲火难耐,跟着一位老态龙钟的妓女上楼。在满足了他强烈的欲望后,他又下楼,自傲地站在很不自然的保尔·布尔

---

① 1885年5月的信。

热面前,带着讥讽口气说:"现在,我知道您的心理状态了!"①几天以后,他在参观帕莱姆时,要求看看理查德·瓦格纳写《帕西法尔》最后节拍时的房间。他闻着玫瑰油的香味,赞赏这位德国音乐家生活考究,以至直到今天,他喷过香水的房间,别人还以为主人还住在那里。但是,特别使他大为赞叹的是在市博物馆存放着一件从西拉库斯发掘出来的极其漂亮的铜公羊。他被这座原始野兽雕像迷住了,这座雕像代表了四肢发达的兽类,从天性和机能方面看,他堪称与之匹敌。他认为,他的生活可以这样表达:享受和写作,别的就算不了什么。然而,当他听说有一个有许多木乃伊的地下墓穴,游客们参观时惊惧万分,他倒决定去看看。有一位教士,风帽遮着眼睛,带着他在这可怕的地下墓穴中转悠。居易感到既恶心又好玩,看了几百具这种光秃无肉的尸体,他们的衣服已化为灰烬。这些木乃伊面如羊皮纸,眼眶深凹,牙齿突出,好像是在冷笑这伙好奇的参观者。女木乃伊还戴着花边帽,华丽的带子飘扬在连衫裙上。看到这些,他更觉得该及时行乐。人生苦短,会消逝的肉体该享受人生的乐趣。是的,在享尽荣华富贵后,人是要死的。在走出墓穴时,他兴致勃勃又难以忍耐,后来,他在西拉库斯瞻仰古代维纳斯雕像时,看到大理石女神用手温柔地挡住阴部的动作赞叹不已,"既藏又露,既遮又显,既吸引人又躲躲闪闪"。他说:"这座雕像真像世上女人所

---

① 摘自 A.伦布罗索:《回忆莫泊桑》。

持的态度。"①

　　确实,莫泊桑在意大利看到的一切,更加深了他对人生采取的
讥讽和阴暗的观念。他并没有读多少书,也不想更进一步地提高文
化素养,只不过是要当一个用天性本能、不必多思考的作家。在哲
学上,他喜欢叔本华的悲观理论。他自称这位著名的德国人是他的
导师,伏尔泰与之相比,只是个幼稚的好讽刺侏儒。他说:"叔本华
标志着对人类鄙视的确认和对人类幻想的破灭。"然而,他也很尊重
埃尔贝·斯宾塞,此人鼓吹知识的局限性,并说科学仅仅是一种骗
术。由于思想上师从这两位大师,在莫泊桑的很多作品中都有他们
思想的表现。在叔本华的思想中,还有一点对他颇有诱惑力,那就
是这位莱茵河彼岸的哲学家对女人的看法,即女人是一种狡猾的、
微不足道的、很会隐饰自己的下等动物,她们用自己的弱点和忸忸
怩怩的神情试图控制男人。莫泊桑和叔本华都认为,女人是难以回
避的和不可缺少的敌人。应该利用并制服女人。特别是不能被女
人的温情牵着走,因为这就会对女人俯首帖耳、任其奴役。任何男
子,不论对情人或妻子,都得在粗野和理解两者之间选择,前者会使
他得救,后者会使他倒霉。这也就是《漂亮朋友》一书中的观点。

　　随着出版日期的临近,莫泊桑忧心忡忡,因为该书主人公是个
不怎么令人同情的人物,不知道人们会怎样对待他的作品。当他的
书出现在书店时,他还在罗马。他是在那里得知该书的最初的反响

──────────

　　① 《漂泊的生活》。

的。所有的新闻记者对这样描绘这个阶层的狰狞面目都感到气愤。他也意识到他树敌越来越多,甚为危险。他立即写信给出版该书的《吉尔·布拉斯报》总编辑为自己辩护,《漂亮朋友》是在该报以连载形式首先发表的。"有人好像相信我曾要在我杜撰的《法兰西生活报》上批评,更确切地说是谴责整个巴黎新闻界。如果我选择一张真正的大报报纸做背景,那么跟我闹翻的人完全有理了。然而,我已注意挑选这些有疑问的报纸,因为这种新闻社里有一帮政治投机分子和剽窃者,不幸的是,这些家伙确实存在……我剖析了这么一个恶棍,并把他放在与之相称的地方,为的是更突出这个人物……他们怎么会这样?我是把所有的巴黎新闻记者的特点集中在一个人身上。为了使诋毁者无话可说,他还加了几句:"漂亮朋友是偶然成为新闻记者的,他像小偷似的溜进来,利用新闻界做台阶……有人好像相信我是审判巴黎新闻界……这实在太可笑了,我确实难以理解,不知道我的同行为什么发这么大脾气。"

1885 年 6 月 7 日,《吉尔·布拉斯报》发表了这篇辩护文章,说明作者的无辜。但读者却去找小说中的关键人物。有些情节极为相像。漂亮朋友工作的单位《法兰西生活报》社长瓦尔特,是否就是《高卢人报》社长阿蒂尔·梅耶尔的真实翻版。而他周围的那些记者,也是逼真的描写。莫泊桑作为《吉尔·布拉斯报》《沙里瓦里报》《格勒洛报》的合作伙伴,曾经在编辑室、咖啡馆多次和他们相见。这里面有真正的作家,也有见机攫取好处的坏蛋。这些家伙咬文嚼字混饭吃。这些人由于职业上的妒忌和见钱眼开,搞些小动作,但是,这些热衷于搞小道新闻的人是多么可怜！莫泊桑想,现在是回巴黎去留意书的销售情况的时候了。

幸好,总的说来,批评是好的。人们赞扬小说所描绘的残酷现实,小说主人公性格突出,这是一个不择手段搞投机的流氓的典型。反之,一些严厉而公正的批评家坚持认为,作者如此丑化新闻界没有必要。这些保留意见并没有使莫泊桑不安。他要狠狠敲打他们。这一次,他也小题大做。只有一件事使他担忧。维克多·雨果刚刚去世。他的逝世使全国震惊。纪念这位伟大老人的国葬将使公众不关注文学事件。在街头巷尾,人们谈的只是这位可敬的亡灵,他将装在穷人的枢车里送往公墓安葬。莫泊桑在给母亲的信中写道:"《漂亮朋友》一书没什么新闻。对加速售书我做了努力,但效果不大。维克托·雨果的死影响颇大。现在已是第 27 版,差不多卖了13 000 册。我过去说过,可以卖到 2 万册,或 2.2 万册。那就太庆幸了,就这么回事。"[1]

然而,销售渐渐地加快步伐,莫泊桑又露出了笑容。如果不是头疼和右眼痛,那他就会十分满意。此外,他越来越经常地爆发一种使他不能自主的分裂症。弗朗索瓦·塔萨尔写道:"我不止一次地看见他在一句话中停住了,两眼望着空间,皱着眉头,好像是在听某种神秘的声音。这种情况持续几秒钟,但是,在接着说话后声音很轻,而且吐字间隔一会儿。"有时,他站在镜子前凝视,突然连自己

---

[1]　1885 年 7 月 7 日的信。

都不认得了,目瞪口呆,问这个不怀好意地盯着他的人是谁。由于怕疾病再发,他决定到沙泰尔居永处治疗。但是,他也没法休息。一旦回到旅馆,他又想写一部新的长篇小说《奥里奥尔山》,其情节正好发生在矿泉疗养区。

他一边接受疗养,一边写笔记,漫步在周围的田野时,他认真地思考他的艺术和文学生涯。他在回答一位记者关于小说的构思时,胸有成竹地回答:"要写一部作品,我想是该多看或多思考,而不是多推理。多看,关键就在这里,用自己的眼睛看,而不是用大师们的眼睛看。艺术家的特色首先要看小事物,而不是大事件。一些杰作往往是毫无意义的小事琐节、一些很普通的事物写成的。应该从事物中找到前人未发现的东西,并以自己的方式表达出来。在谈到石头、树干、老鼠、旧椅子这些使我惊奇的东西时,日后在艺术的道路上可能适用于伟大的主题……尔后,要避免泛泛地构思。艺术也是像算术一样,用简单的和互相配合的方法就会算出结果。我相信才能是长期思考的结果,因为人是有智力的……但是,尤其不要去模仿,别去想您读过什么书,忘掉一切(我将跟您说,有一种极端可怕的东西,这种东西我相信是存在的。),把他变成个人的东西,不要崇拜别人。"①

在寄出这封信后,莫泊桑伤感地想起他的作家生涯起步时的情景。在年轻人面前,他是否也在摆权威架子? 多少年以来,他是经

① 1885 年 7 月 17 日,致莫里斯·沃凯尔的信。

历什么样的道路,他也觉得前途未卜,他过去总是征求伟大的福楼拜的意见!

第十二章　在沙龙里和海滨生活

　　莫泊桑在文学创作上取得成就后,也扩大了社交圈子,在仰慕他的上流社会妇女中,他自称埃尔米纳·勒孔特·杜努伊是和他最亲近的。她丈夫是法国建筑师,在罗马尼亚有辉煌的事业,她不愿跟丈夫到布加勒斯特生活。由于两地分居,夫妻感情慢慢疏远了,她沉浸在痛苦之中。他们有个儿子,名叫小皮埃尔,她悉心照料他,但这难以填补她寂寞的生活。埃尔米纳在埃特尔达有座名为"茅屋"的别墅,与莫泊桑是邻居。莫泊桑对她的处境表示出同情,她颇感欣慰。莫泊桑谈到她时,说她是"友谊守护神"。在别的地方,从没有像在她的身边那样感到欣慰。确实,这位金发披肩的美人,性格刚毅,富有胆识,爱好文艺。莫泊桑患眼疾时,埃尔米纳给他朗读,他津津有味地听她朗读狄德罗与沃兰小姐、莱斯皮纳斯小姐和戴皮奈夫人的书信集。埃尔米纳后来写道:"有一天,莫泊桑用德方夫人歌曲的模式写了九段歌词以自娱,歌词轻快,十分诙谐。"①有时,莫泊桑开些不正经的玩笑,使埃尔米纳不快,但她不因受羞辱而产生厌恶感。她对这位作家的爱慕是骑士式的,是柏拉图式的精神恋爱。她对身居遥远的异国他乡的丈夫深深的爱情,是不会为情所诱惑的。后来,他们的关系日益密切,她对莫泊桑也频送秋波,并热情款待。在后来化名出版的题为《爱的友情》的小说以及回忆录《回首生命之旅》两本书中,埃尔米纳曾追忆与莫泊桑的机缘以及在她生活中占有的地位。当时,对莫泊桑既有委身的诱惑又有抗拒的乐趣。莫泊桑是个拈花惹草能手,受到名女人青睐受宠若惊。他在给她的信中竟这样写道:"伸过手来。我还要吻您的脚。"②他还敢做出格的事吗?无法对证。这种纯朴的爱情,对埃尔米纳是多么的重要,但对莫泊桑来说,只不过是两次比较平常和有趣的艳史中的一个插曲。

在埃特尔达,莫泊桑除了与女邻居调情外,就是狩猎。他在黎明时分起床,冒着寒冷与薄雾,夹着猎枪,弓着腰,双手插在口袋里出门狩猎。莫泊桑在小说《爱情》中描写道:"我们的鞋子包着毛毡,以防走路出声,防止在冻冰的河面上滑倒。我看见我们的狗喘着白色的雾气。"他在同一篇小说里详细地谈到狩猎的快乐:"我生来就有各种本能爱好,也有原始人的意识,这是推理和文明人的激情的混合体。我热爱狩猎。流血的野兽、沾血的羽毛,以及手上的

① 《回首生命之旅》。
② 1886 年 11 月的信。

血,这都使我心惊肉跳和难以支撑。"是的,在他的身上有一种残忍的心理,这是由于年龄的关系,他对要征服的女人和要猎取的野兽都是如此。这种残忍的行径在他的许多小说中有所反映。如强奸一个小女孩,嘴上蒙着手绢,大腿上沾着血(《小罗克》);两个呆子杀驴(《驴》);精神有点错乱的法官用剪刀杀金丝雀作祭品(《疯子》);一个吃醋的丈夫活活烧死一条章鱼,意欲以这种海上霸王为象征报复不忠实的妻子(《夜晚》)。以上小说在描写方面,有一种野蛮的表达方式,把反常心理和欣喜若狂的心情描写得淋漓尽致。这不仅是作者的一个简单的态度问题,也是作者依靠效果来提高读者兴趣。莫泊桑无论在生活上还是在写作中,有时表现出怜悯,有时粗暴,有时温柔,有时粗俗。在给施特劳斯夫人的信中,他坦诚地承认这点:"我喜欢向飞过的鸟开枪,把它打死,我对杀了它并看它死去感到惋惜。苟延残喘的野兽颤抖历历在目,我不无悔恨地又迈步走开……而我又开始新的射击……应该有像雄健有力的野人那样感觉,而每种感觉将像地震那样震撼人心。"[1]这种与自然的相互沟通,在田野里和在海上都有。他崇尚土地、树木、野兽、流水。他在《风景画家的生活》中写道:"我的眼睛就像是贪婪的嘴,直愣愣地睁着,想吞噬大地和天空。我想用眼睛吞掉这个世界,消化这五颜六色的美景,就像是消化肉和水果那样。"

然而,经过几个星期的孤独、游离不定和锻炼身体的生活以后,

---

[1] 1888 年的信。

他还是回到巴黎。在巴黎,他又带着厌恶和欢快的心情泡在沙龙里、戏剧晚会和文学聚餐里。不久前,他发现首都的犹太知识分子界的吸引力。1885 年 11 月 25 日,爱德蒙·德·龚古尔在《日记》中写道:"社交界的犹太妇女都爱读书,她们敢于承认被法兰西学院排斥的有才华的年轻人。"确实,有些在第二帝国时期发了财的犹太富翁,在他们富丽堂皇的宅邸里,接待市里的知名艺术家、作家、记者、律师、考古学家。居易对这种现象颇为留神,并从中得到启发,在他的长篇小说里,描写了犹太金融家威廉·安德马特的奸诈行径。他写道:"犹太种族现在到了复仇时刻,在大革命前,他与法国人一样是受压迫的,现在却用金钱的力量压迫别人了。"①莫泊桑和很多同胞一样,对这些大款出自本能地厌恶,这些人长期被排斥于权力之外,已被确认在金融、文化和政治上获得成功。他与不折不扣的排犹主义者德吕蒙不同,德吕蒙在《犹太人的法国》一文中说:"全部钱财来自犹太人,又全部回到犹太人那里。"而居易对这个问题是有分寸的、不十分露骨和有选择性的。也可以说他的评价是怀有不安成分的。他对这些在国家间东蹿西跳的掌握大量资本的佩雷尔、洛德希尔德、富尔德等家族是有疑虑的……这些人是热衷利润,渴望支配权,而他是受女人迷惑。他出生于诺曼底,对来自他乡、有另一种文化传统的犹太美人也垂涎三尺。与她们在一起,他仿佛感到身在法国就能周游世界。难道她们血管里有巫婆的血统?

---

① 《奥里奥尔山》。

她们要成为第三帝国开国王后,她们为任命一位部长,或者选举一名学院院士搞点小动作,这是天经地义的事。

在这些犹太女子中,他认为最有诱惑力的是小俄罗斯籍(指乌克兰)的玛丽·康①。她是卡安·当维尔夫人的妹妹,她们住在格雷内尔街118号维拉尔元帅豪华旅馆。在那里,他也经常碰见保尔·布尔热、维达尔教授、爱德蒙·德·龚古尔、博纳画家、米尼耶修道院长、爱德蒙·罗斯唐。玛丽·康皮肤白嫩,一头褐色头发,一副无精打采的模样,令莫泊桑神魂颠倒。他不是唯一的拜倒在石榴裙下的男子。1885年12月7日,爱德蒙·德·龚古尔晚宴回家后,在《日记》中写道:"三个用人列队站在楼梯上,双扉门很高,房间很宽敞,所有客厅的墙上贴满丝织品,这是以色列银行家的住宅……康夫人懒洋洋地坐在长沙发上,她眼圈发黑,精神倦怠,脸色茶红,脸颊上有一颗黑色的美人痣,嘴唇微微翘起,袒胸露肩,胸脯皮肤白皙。她形容憔悴,像一个发烧的病人。这个女人有很奇特的魅力,无精打采却略带嘲讽,具有俄罗斯人的特殊诱惑力:眼睛能说话,说话声娇声嗲气……如果我还年轻,也会向她献股勤,向她求爱;如果她委身于我,我会使劲儿吻她。有时,她双手交叉放在胸前,使我联想起放在棺材里的一具五花大绑的尸体。"这天晚上,他们的话题很自然谈起死人的事。他们说起陈列在太平间里的溺水者。莫泊桑立即接着说起他在塞纳河上捞死尸的情景,还添油加醋地描述令人

① 在与康先生结婚后几年,康先生因病在布朗什医生的诊疗所住院并在该所去世。

恐怖的细节，使那些贵妇听得毛骨悚然。爱德蒙·德·龚古尔怀着猜疑的眼光瞅着他，看他搞什么鬼名堂，并写道："他（莫泊桑）直挺挺躺着，脸上涂了一层黏糊糊的东西，脸色苍白，做出一副对这些尸体十分厌恶的样子，这种样子对在座的年轻妇女脑神经起了作用，她们吓得够呛。"玛丽·康坐在一把椅子上，她"面带笑容，一副受惊的样子，但媚态动人"，她目不转睛地注视着这位宽肩膀的来宾。他口若悬河，意欲取悦女人。她正与温情脉脉的保尔·布尔热勾勾搭搭。她是否会更喜欢这位来自埃特尔达的体壮如牛的男人呢？她提出一些问题，并留时间让他回答。而莫泊桑，一方面迷着这位无精打采的玛丽·康，另一方面动脑筋去诱惑另一位犹太上流社会的年轻女子热纳维雅芙·施特劳斯，她是音乐家、《犹太女郎》作者弗罗芒塔尔·阿莱维的女儿，1875 年成为乔治·比才的寡妻，第二次结婚是嫁给埃米尔·施特劳斯。按传统标准，她不算是美人。但是她目光炯炯，容光焕发，知识渊博，这就使人们忘了她不匀称的身段。爱德蒙·德·龚古尔谈到她时，说她有"男子汉的气质"，无法容忍他人的"束缚"。在这位玉女家里，莫泊桑碰到不少献身文学的年轻人，其中有丹尼尔·阿莱维、费尔南·格雷格、罗贝尔·德·弗莱尔、路易·德拉萨尔，以及一位腼腆的名叫马塞尔·普鲁斯特的中学生，他在《追忆逝水年华》中回忆过热纳维雅芙·施特劳斯和她的丈夫，并把他俩塑造成盖尔曼特公爵和夫人。

莫泊桑现在想的只是在这个巴黎式的沙龙里显得和蔼可亲，因为女主人在评论界颇有影响。为了更好地征服她，他希望能单独与她谈谈知心话。他写道:"我将非常小心和自私。能否不在人流拥挤时会见您? 如果这样惹您讨厌,那就告诉我,我不会生气的。总之,这是一个小小的要求,也不必用诗行来表达。确实,这是很自然的,经常单独和女士们在一起,充分享受一下她们的魅力和风度,人们将对女子经受男子汉的诱惑力,对这种诱惑就像是登上了最坏的船只。"卡安·当维尔夫人通过朋友告诉莫泊桑应该穿红礼服赴宴,而当他到达时,看见其他宾客却穿着黑礼服。他周围的人都扑哧地笑出声来,整个晚会使他十分窘迫。

然而,热纳维雅芙·施特劳斯对这位土里土气、自负和天才的作家的追求越来越动情。爱德蒙·德·龚古尔甚至认为这位年轻女子"把一切都给了莫泊桑",如果莫泊桑坚持要这么做的话。他在《日记》中对这位不可捉摸和少廉寡耻的女子有这样的描写:"她穿着鲜艳的、柔软的、宽松的室内便袍,黑色的眼睛闪出炙热的光芒,带着病态的俊俏,懒洋洋地坐在椅子上,膝上放着一只黑色的卷毛狗维文特,其爪子短小纤细。"[①]这一天,她带着伤感的情绪谈到爱情,她说一旦被占有,"两个情人相爱,对等的爱是少有的"。男士们洗耳恭听。莫泊桑可能也是其中一个。爱德蒙·德·龚古尔对莫泊桑的情场得意及作品大量发行颇为妒忌,他气得够呛,写道:"为什么在某些人眼里,龚古尔成为一个玩文学的绅士、业余爱好者和贵族呢? 为什么莫泊桑倒成了真正的文学家? 为什么? 我倒希

---

① 龚古尔:1887 年 3 月 28 日《日记》。

望有人能说出这一点。"①他的憎恨是如此强烈,以至于在他的整个一生中,他不断揭发他对手的庸俗、狂妄和吹起来的才华。他承认莫泊桑是"当代的保尔·德·科克",承认他的散文是"人人都读得懂的抄本",他无耻地拜倒在"上流社会"面前,他在接待女宾时将画有杨梅疮的生殖器露给她们看以吓唬她们。此外,他的光荣是他的犹太女友们吹起来的。② 他还写道:"莫泊桑在妓女们那里的成功证明他是一个流氓坏子(这是为打倒他认为这个不择手段的野心家),我从来没有见过,一个上流社会的男人会如此厚脸皮,如此庸俗,如此下流,他穿的衣服像来自《美丽的园林工人》,把帽子遮住眼睛。上流社会女人喜欢既粗鲁又漂亮的美男子。"③他还说:"对莫泊桑和布尔热来说,犹太社交界是他们的殡仪馆。她们将这两个聪明人当成文坛小生,以她们种族的雕虫小技,想方设法耍弄他们。"④

但是,莫泊桑对社交界的频繁交往并没有使自己的名誉受到损害。他觉得由于她们的帮助,他的事业青云直上。据雅克-埃米尔·布朗什的回忆,《她的一生》的作者常为频繁的邀请所累。他写道:"当朋友请他吃饭时,居易·德·莫泊桑先生像医生那样严肃地打开一本金色边角的小本,指出得过些日子才有空。"

---

① 龚古尔:1887 年 3 月 27 日《日记》。
② 龚古尔:1888 年 1 月 9 日、2 月 5 日、7 月 6 日及 1895 年 4 月 15 日《日记》。
③ 龚古尔:1893 年 7 月 9 日《日记》。
④ 龚古尔:1891 年 7 月 22 日《日记》。

居易超脱于家庭连累是多么舒畅！他想,父亲和弟弟过着清淡和平庸的生活,该是多么羡慕他啊！他是爱他们的,但他既不想告诉他们什么,也不想知道他们的消息,他母亲告诉过他,弟弟埃尔维游手好闲,生活无聊。他对这些情况也不过知道了就算了。洛拉出于虚荣心,她对这位神奇地出了名的、从她身边走出来的儿子爱护备至,敬重万分。她认为,作为女人,这个有出息的儿子是她生活的最高奖赏。然而,儿子的健康令她担忧。她怕的是儿子从她那里继承神经性错乱的某些病症。有一天,诗人唐克雷德·马特尔在街上碰到莫泊桑,他写道:"他皮肤棕黑、胡子很短、脚步缓慢、精神倦怠,好像长期晒太阳、滥服麻醉剂的疲倦的移民,对行人投来的目光不屑一顾。"小说家莫里斯·塔尔默利补充说:"眼神还是那么忧伤,不过更显得阴沉、伤心和无神,他拉我到一旁,说:'好朋友,您知我怎么了……我要完蛋了!'"

对城市里这种如梦如痴的沮丧生活的反应,那就是居易决定躲开巴黎,到外界去呼吸新鲜空气。于是他到了昂蒂布,他在那里租了"树丛"别墅,这是一座漂亮的有绿色百叶窗的房子,房主是海军军官莫里斯·米泰斯。莫泊桑和母亲住在一起。洛拉的身体不好,比较虚弱但不碍事,经常犯偏头疼。她精神很好,但行为越来越专横独断。在秋日淡淡的阳光下,她与儿子在庭院里散步,听儿子讲他的计划,他的作品,他的奇遇。居易在女人方面获得的成功使她感兴趣,同时也挺得意。对每件事,她都提出肯定的意见。他一边听,一边觉得自从福楼拜逝世以后,在忙乱的生活中,母亲是唯一的支柱,唯一可信赖的人。

　　每天早晨,莫泊桑总是在桌上忙于写作《奥里奥尔山》。然而,近一段时间以来,在写作之后,他又有一个极好的消遣办法:一艘长11米、载重6吨的游艇。这是他从同行保尔·索尼埃处以1800法郎购得的,他当然将它命名为"漂亮朋友"。下水后,船体前突,帆面宽大,船上有4个卧铺,能接待8个游客。船员是两个有经验的水手贝尔纳和雷蒙。莫泊桑在《在水上》一书中这样描写:"贝尔纳是老板,他是个清瘦、灵活、特爱干净、很细心和谨慎的人。他满脸胡子,目光炯炯,说话和气……但是,海上的情况叫人不安,突然出现一个大浪,这预示着海上起风了;如果埃斯泰雷勒上空有云,那是西边有密斯脱拉风;当气压表上升时,他指出东边有狂风。"至于副手雷蒙,"这是一位皮肤棕褐色的大胡子棒小伙子,一位孜孜不倦和勇敢的水手,坦率和忠诚,但不怎么好动和不露声色,对海上突如其来的危险比较镇定自若。"

　　莫泊桑每次登船时,都感到十分自豪。他凝视着柚木板的甲板、粗壮的帆缆索具、红铜舵把,这一切都是用版税购置的,从龙骨到桅冠,这些漂亮的物件都是他成功的象征。黎明前,贝尔纳到别墅,把沙子扔到作家的窗户上以便把他唤醒。他匆匆梳洗,奔向海港。他们在清晨起航,天上的星星还在闪烁。远处,阿尔卑斯山从朦胧中醒来,笼罩着彩色光带。维尔弗兰施的灯塔还向海上射着光束。不久,它就熄灭了。在天水之间,莫泊桑沉醉于宁静、自由之中,听着风和海浪拍打的和音。这种宁静的美景使他心旷神怡,他真希望还能发现新的海上仙境。他们的航行只限于海岸的港口:维尔弗兰施、尼斯、戛纳、圣-特罗佩兹、马赛,有时还到波多费诺……当他们回到昂蒂布时,他感到像清水冲头那样舒坦。

12月,莫泊桑离开"树丛"别墅,搬到巴亭路山顶的"阿尔卑斯木屋别墅"。在那里可以眺望群山和昂蒂布,以及沃邪的城墙。当微风荡漾,贝尔纳升起主人的旗帜,他们出海游玩。如果天气不好,莫泊桑就玩枪。有时他也看望住在附近的邻居、他的弟弟埃尔维,埃尔维由于哥哥的资助,在昂蒂布办了个园艺场,他变得聪明和学乖了。

1886年1月19日,埃尔维最终做好安排并娶了格拉斯近郊的姑娘玛丽-泰雷菲·方图·当东。这次联姻使居易茫然不知所措。他自己是否也该决定终身大事?他长吁短叹,将此事告诉了随身仆人。但这只是空中楼阁。他说,理想的人儿何处寻觅。没有一个女人值得终身相许。因此,也不能从一而终。只好满足于不断变换异性伴侣。

莫泊桑性放纵的事,大部分发生在巴黎和埃特尔达。而在昂蒂布,他过的几乎是修道院式的生活。他在写给埃尔米纳·勒孔特·杜努伊的信中说:"怎么跟您说这里的情况呢?我出海航行和写作。我写那篇故事《奥里奥尔山》充满激情,发人深省,富有诗意。工作使我忘了别的事,也改变了我的生活。比起别的小说,讲感情的章节都删掉了。总之,这是拈手写来的东西。我很有耐心专心工作。"①后来,他又给埃尔米纳·勒孔特·杜努伊写信:"我在完全寂静的环境中写作。航行和写作是我的全部生活内容。白天和晚上,我都不接待任何人。我成天安安静静地待着,不干什么别的。我也不知道什么时候能回巴黎。"②

　　他接连几天待在屋里,关上百叶窗,为的是让眼睛得到休息。接着,又猛干一阵,继续写作。这一年,他发表了 30 余篇小说和纪事文章,为《玛农·莱斯科》写了序。1886 年 1 月 16 日,他的中篇小说集《图瓦纳》在书店出售。这一次,他打算改换出版社,这就可以少冒风险,职业上也更有名望,他将书给马尔逊出版社和弗拉马里翁出版社。次月,另一部中篇小说集《帕朗先生》在奥兰多夫出版社出版。5 月末,哈佛书店销售《小罗克》,莫泊桑将一本样书赠给波托卡伯爵夫人,并写上"怀才不遇者敬献"这种令人费解的献辞。

　　尽管莫泊桑出版的书接连不断,所获得的成功也无可否认,评论文章称赞作者具有强烈的激情和刚劲含蓄的风格,但公众对这种书里描写的农民和妓女、上流社会妇女和精神错乱者等芸芸众生不禁暗自吃惊。人们一般认为,很少有作家能写出对自然界和人的内心世界有如此深度和广度的作品。这些描写都反映在字里行间,好像都是信手写来的妙笔。莫泊桑很理解这些在读者中引起的不同

---

① 1886 年 3 月 2 日的信。
② 1886 年 11 月的信。

凡响的反应,所以对广告精心关注,将反应送到出版社,并拿出售书情况的详细账目单,如果出版商迟迟不结算版税,那他就要与之算账。他挣点钱极不易,所以怕被比他更精明的人算计。当他对合同的正规性有怀疑时,就咨询律师,在这种情况下,他找了诱人的热纳维雅芙的丈夫埃米尔·施特劳斯。

此外,他也知道,文学上的名气和情场上的胜利会在同行中树敌。尽管他参加爱德蒙·德·龚古尔在奥特伊住处举行的文学聚会和一些作家聚餐活动,到处赔着笑脸,却都难以避免出现上述情况,他估计有人妒忌,甚至仇恨。1886年5月,当他出版《小罗克》时,有一位名叫让·洛林的年轻专栏作家和小说家出版了一本《纯俄罗斯式的人》的长篇小说。让·洛林真名叫保尔·杜瓦尔,童年时,是埃尔维在埃特尔达生活时的伙伴,莫泊桑比他们俩年长,他不止一次用布蒙头,装神弄鬼吓唬他们。而今天,跟莫泊桑搞恶作剧的居然是这位让·洛林。此人常神神道道,也经常出入沙龙和低级咖啡馆。这位当年是埃尔维的胆小的伙伴,今天却成了一个令人生畏的贩卖流言蜚语的掮客。在读到他写的小说时,莫泊桑火冒三丈,愤怒万分。他在作家博弗里兰这个怪人物的形象中认出了自己。这本小说的主人公莫里亚妒忌这位自称是美男子的人。莫里亚说:"他妒忌博弗里兰力大如牛,每天早晨锻炼三小时以便养精蓄锐去讨女人欢心。他也妒忌他戴有缎饰的帽子……要成为一个名副其实的作家,他靠自己做到了,并在巴黎、外省和外国都挂了号。"让·洛林更进一步丑化,添油加醋地说:"他在过去认识一些歇斯底里的老女人,跟男人拉拉扯扯的自诩多学的女才子,这些女人喜欢美男子,而博弗里兰以此引以为荣……这是福楼拜、左拉这帮人的大种马场塑造的文学种马模型,曾在希腊西特尔赛马场参加过各种比赛,还在勒波赛场得过奖,是匹受欢迎的超级赛马。"博弗里兰是个爱吹牛和笨拙的人——他又名莫泊桑,他喜欢女人,因而受到利特维诺夫夫人这位俄国冒险家的愚弄。他以为是与这位夫人睡觉,却是在和一个侍女过夜,而这时莫里亚却在情人怀中笑话这件事。莫泊桑认为巴黎人都把这个愚蠢的博弗里兰比作他本人,决定要和让·洛林决斗。因为莫泊桑被激怒,决定选择手枪作为决斗武器。他在使枪方面是难以击败的神枪手。不久以前逼使他为名誉而进行的决定,对他来说算不了什么,因为用他自己的话来说,这种决斗"已超过所能允许的笨拙幼稚行为"①。今天,他想的只是在这个微不足道的坏小子身上打个窟窿,他竟敢冒犯自己的自尊心。双方都已经选好公证人。但是,就在那一天,让·洛林胆怯了,他收回前言,并公开声明博弗里兰是"根据好几个人塑造的",而莫泊桑在塑造漂亮朋友这个人物时不也是这么干的吗? 莫泊桑迫不得已,只好接受这个心怀恶意的坏小子的道歉。在一次玛蒂尔德公主的宴会上,莫泊桑以蔑视的口气告诉爱德蒙·德·龚古尔:"他喜欢写我。"但是在读者特别是女读者心目中,这种玩笑不也留下某种印象吗? 莫泊桑决定,这算不了什么。他为了压服人们,应该表现得更

---

① 为沃男爵《手枪手》序。

厚脸皮,更旗帜鲜明,更敢干。阿贝尔·埃尔曼写道:"这个人是第二帝国时期的典型人物,宽肩膀、粗脖子,摔跤运动员似的架势,挺胸昂首,信心十足,敢想敢干。"有时,他在蒙夏南住所接待一帮上流社会贵妇时,为了显示他有力气,单手举起他家中最重的木头椅子。那些多嘴多舌的贵妇赞叹不已。莫泊桑自鸣得意。他情不自禁但又觉得可笑。莫泊桑身上,既有野蛮的兽性又有对人的怜悯,既天真又狡诈,既有胡闹也有真诚,既有善良的天性也有无比的愚蠢。正因为这是个乡下人,所以讨女人喜欢。他被女人们弄得晕头转向,当然她们也在诋毁他。总之,他恨女人是他缺不了她们。他在给埃尔米纳·勒孔特·杜努伊的信中讲了实话:"我并不喜欢她们,但她们令我高兴。我觉得这很有趣,她们的目的是要我说我喜欢她们……这么一来,她们对我十分客气!其中有一位当着我的面除了吃玫瑰花瓣,什么也不再吃了。"①

即使在旅行中,莫泊桑也不忘寻花问柳,哪怕是短暂的。费迪南·德·罗特希尔德男爵在1886年8月邀请他访问英国,在主人的汉普郡瓦德斯登宅邸中住了几天,并从那里到牛津。但是天气不作美,寒风凛冽,阴雨连绵,旅客在马车里冻得直哆嗦,而且饥肠辘辘。醉醺醺的马车夫还骂乘客。当莫泊桑在倾盆大雨中到达这座古老的大学城时,他唯一的念头就是从这个不好客的国家逃走。他又到了伦敦,他只是看了图索博·物馆蜡人像,在萨瓦剧场看了一

---

① 埃尔米纳·勒孔特·杜努伊和亨利·阿米克:《回顾生活》。

场戏。在这次旅行中,使他最遗憾的是,没有体味到英国女王陛下国家的当地的女人的爱情。使他感到多少有些安慰的是,他找到一位原籍根特的弗拉芒女郎,她的胸脯十分诱人。总之,他对英国感到厌烦,它的气候、博物馆、古板的习俗都使之不快,他匆匆地回到法国,并给他的一位旅伴留了一张便条:"我感到很冷,这座城市也是冷冰冰的。我得走了,回巴黎去了;再见,十分感谢。"

9月,莫泊桑回到埃特尔达,并在"居易特"接待朋友,与他们尽兴打猎。不久,秋天的薄露使他决定离开此地到南方去。在那里,猎手成为海员。"漂亮朋友"号和他的两位水手正等待主人的到来,船只也已油漆一新。因为天气晴朗,莫泊桑就敢到海上闲逛几天。他甚至拜访了住在圣拉斐尔的玛丽·康。但是不久他就为发行小说《奥里奥尔山》回到巴黎,这本书他断断续续写了一年半。

从接受书稿时起,哈佛就感到很兴奋。他在给作者的信中写道:"有一天晚上,我一口气读完这本书,我简直感到震惊甚至发呆,这本书激动人心,很使我感动。这是一本高水平的了不起的杰作。这是莫泊桑的天才的表现和完美的作品,也是他了不起的才能趋于完全成熟的标志。"①

莫泊桑利用在沙特尔古戎治病机会,观察了种种社会现象。因此,他精心观察和讽刺由精明的犹太银行家威廉·安德尔马特创办的安瓦尔温泉站。莫泊桑写到这个人物时,他"唤醒一个古怪的机

---

① 1887年4月29日的信。

器人的思想,这种机器人生来就是为计算、搅动和操纵金钱的"。安德尔马特是胜利的资本主义的象征,在任何破坏和兼并面前毫不退缩,温泉站不断扩大和完善,使之吸引更多的疗养人员。还描写了克里斯蒂娜·安德尔马特和保尔·布雷蒂尼的爱情。"吃软饭的"男人由于悲剧性命运驱使而堕落。当布雷蒂尼得知克里斯蒂娜怀孕时,他极为反感,疏远了她。因此,发财冒险的成功得到的报应是感情上冒险的失败。贪得无厌的企业主,利欲熏心的夫妇,钩心斗角的医生,从旅馆到温泉、从温泉到旅馆的那些昏头昏脑的人的烦人的生活,都在这个水城中展开,描写得淋漓尽致。由于这种激情所驱使,莫泊桑描绘那些只关心自己健康的小丑和其他一些关心银行存款的人。他抨击、笑话和报复犹太资本家、大腹便便的资产阶级、到处流浪的贵族。小说最妙之处在于这种有力的抨击。如果说《奥里奥尔山》心理研究和感情纠葛描写有些烦琐,总的来说,人物的诙谐写照还是赋予作品以生命和光辉。

评论界也同声赞赏,都是一片歌颂声。"尽管人物众多,情节复杂,小说信手写来,格调清新明快。莫泊桑先生以快速发展的情节,使之引人入胜。"这是布吕内蒂埃在《两个世界杂志》发表的评论,而阿尔贝·沃尔夫在《费加罗报》更有补充:"年轻的有才华的小说家中,没有一个人能比得上莫泊桑的水平,他的小说既有喜剧成分,又有人类悲剧的故事,这双重的描写、双重的礼品,使读者动心和欢欣,有艺术享受,也使人们思考。"

由于受新闻界这种宣传的刺激,公众满怀信心购买孜孜不倦的

莫泊桑传

莫泊桑最近出版的小说。作者的那些漂亮的犹太女友,她们可能对此书感到不快,因为它在安德尔马特这个人物身上,丑化了她们的同族人的形象。只有罗特希尔德一家对它表示冷淡,几个星期没有光临他们的沙龙。不久以后,他们原谅了这个淘气孩子的过错。在书店里,这本书十分畅销。巴黎25版、外省38版,两个月就销售一空。而哈佛还埋怨销售速度太慢,莫泊桑责备他说:"我还没有收到我应得的钱,根据合同,月初就该给……您使我没有钱花。"[1] "没有钱花"这个字眼当然是过分。莫泊桑的生活还是很宽裕的。他的版税每年达60 000法郎。他的巴黎经纪人为他提供大量财源,他可根据需要定期取款。[2]

莫泊桑在文学事业和经济收入上日益发达和宽绰,但有一件事使他不安。爱德蒙·德·龚古尔刚出版了前三本《日记》。在读这本书时,莫泊桑对扩散隐私和对沙龙里的闲言碎语、添油加醋很不高兴。福楼拜是他的导师,他认为不应公开作家的私生活。幸好这本书只包括1851年至1870年,那时候,他和作者没有任何关系。但是,谁知道后来几本是否会透露他们会见中的有趣的逸闻、令人不快的评价呢?尽管有这种担心,居易还是写信祝贺书的出版,说这本书"有文学内容、思想新颖、观察深刻和引人入胜"[3]。

为纪念福楼拜,朋友们决定在其家乡建一个纪念碑,还专门成

---

① 1887年4月29日的信。
② A.伦布罗索引用莫泊桑父亲的见证。
③ 1887年的信。

立了委员会,爱德蒙·德·龚古尔任主席。但是,五年内,社会捐款额只有9000法郎,而雕刻家则要求12 000法郎。《吉尔·布拉斯报》有一位署名桑蒂耶纳的专栏作家,听到这个令人不悦的消息后感到吃惊,撰文讽刺了福楼拜朋友们的吝啬做法,并指责龚古尔没有把未来学术会每个成员的年基金6000法郎捐给这项正确的计划①。莫泊桑慷慨解囊,写信给《吉尔·布拉斯报》,赞同桑蒂耶纳的建议,并表示在原来基础上再增加1000法郎。可是这一发自内心的举动并不合龚古尔的意,他认为这是对他的一种侮辱。龚古尔立即警告莫泊桑,他将辞去主席职务,他还说,他将为摆脱经常"身不由己"的职务而感到庆幸。由于此事的严重性,当时在昂蒂布休息的莫泊桑,急忙乘火车回到巴黎去见暴怒的龚古尔,龚古尔对他态度冷淡。经过长时间的解释,又保证又道歉后,"主席"收回辞职声明。然而,他在《日记》中说,他之所以这样做"是出于软弱和胆小,不愿让此事烦扰公众"。当晚,龚古尔在玛蒂尔德公主家见到莫泊桑,面有愠色地说:"我现在找到'匹夫'的定义了,这是我寻找很久的,那就是诺曼底狡猾的小赤佬!"②

莫泊桑原不晓得他的这位同行瞧不起他,这回才恍然大悟。他看到由于他的干预,维护了福楼拜委员会成员的团结,感到如释重负,并承认参加这个神圣协会的所有成员都具有才华和勇气。福楼

①　这个学会是根据龚古尔的遗嘱倡议于1884年拟定,龚古尔学会是在1902年正式组成,在次年第一次颁奖。

②　龚古尔:1887年2月2日《日记》。

拜老头的朋友应该都是自家人。几天以后,他公开宣布参加另一个集体活动,他的这一行动并不是为了加快建造恩师塑像,而是为了抗议建造埃菲尔铁塔。竖立这根金属怪柱,是为了装饰 1889 年博览会的,当时只建了第一层。大多数巴黎人对自己城里搞这么一个吓人的东西很是愤怒。很多艺术家起草了一个声明,莫泊桑一气之下也签上名。同时签名的有梅索尼耶、古诺、萨尔杜、帕耶龙、科佩、叙利·普鲁东、勒孔特·德·利勒等人。在 1887 年 2 月 14 日的《时代》杂志上发表了他们的信:"20 年后,我们将看见用螺栓固定的讨厌的柱子的讨厌的阴影……让·古戎、热尔曼·皮隆、皮热的巴黎将变成埃菲尔先生的巴黎。"

但是铁塔工程继续进行,莫泊桑很恼火,最后一次损"这个又高又瘦的铁梯式的金字塔,像是一个讨厌的大骷髅架"。他把这座铁塔看成工业文明和利润的象征,而随之梦想、幻想、自由将从此消失。由于对这个改变太快的首都、对这个利害交错的社会的愤怒,他回到昂蒂布,在海阔天空的大海和原野里,在船上或航行中忘掉"骄横的废钢铁"。作为法国人,他对同时代人干的事从没有这么失望;而作为作家,他从来也没有这么恳切地要求他们的赞同。

第十三章 《狂人日记》

莫泊桑与别的作家相反,那些作家宣称无法同时写两篇作品,而他却可以放下这部稿子而扑到另一部稿子上。灵感一来,又回到第一部稿子上去写。1886年末,他正在精心修改《奥里奥尔山》,同时断断续续地写中篇小说《狂人日记》。他在这本小说中分析了一个疯子的发病过程,他逐渐地感到失去自我意识,一个不可捉摸的人爬到他的皮肤上,后来又到思想里。当时,社会上热衷于硝石库市沙尔科医生关于神经官能症和歇斯底里的学科。莫泊桑与这位优秀的精神科医生很熟,并曾在爱德蒙·德·龚古尔家共进晚餐,请他为母亲看过病。他可能利用会面机会询问神经病病人的失常状态。此外,据乔治·德·波多-里什讲,《狂人日记》的产生,源于他与莫泊桑谈论病理学症状以外的非医学的意义。屠格涅夫常与这位年轻朋友谈过神秘力量的表现,它能使人感到恐怖并置人于死地。屠格涅夫可能向他说过,果戈理的《狂人日记》里显示了对真实世界的否定。事实上,莫泊桑已受幻念所困扰。在谈到屠格涅夫时,莫泊桑在他的作品中颂扬了"难以解释的恐怖中的令人伤心的感觉,它就像来自另一个世界的不知名的气流"①。他本人就在他的小说中处理忧虑、幻觉、双重人格等题材,无论是在《他?》《疯子?》或《恐怖》《头发》等文中,都出现过令人眩晕和恐怖的事实:我们成为未知力量的玩偶,这种力量必将我们推向东、又推向西,并取代我们。每个人都有"非我",突然间会取得它的位置。有几次,莫泊桑感到一种超脱了自己的感觉。他坐在椅子里,甚至看见了自己,而且正在写作。然后,幻象消失,周围的一切又趋正常和合乎常理。这种个人的经历对撰写《狂人日记》无疑是有用的。但是他要将这种经历加以改编和发展,很好地予以掌握,使他提笔写文章时证明头脑清楚。这篇小说第一版非常简短,这是以一个精神错乱者身份进行叙述的;第二版比较冗长,内容较丰富,这是按日记形式而写的。后面这一种方式随着叙述者精神上疾病的发展、病的缓解、说话的离题、疾病的加剧等逐步地展开故事情节。有一位蒙-圣·米歇尔教士跟他说道:"我们有十分之一的生存地方吗?"接着他又自言自语道:"要诞生一种新生命为什么不可以呢? 这种人肯定会来到世上! 为什么我们不可以成为这类人呢?"这种新人,就是狂人。"他缠住了我,他使我想到疯狂! 他在我身上,他已变成我的灵魂;我将把他杀了。"为了摆脱这个外来客,叙述者放火烧了房子。

---

① 1883 年 10 月 7 日古鲁瓦的文章《幻想》。

但是，狂人溜走了，无影无踪，也不会受伤害了，而肉体的人被战胜了，就是用这样的话结束的："他死了……于是，于是我应该自杀，是我应该自杀！"

这篇小说是莫泊桑小说中表现得最深刻、最令人不安的一篇，他对无法理解的宇宙，表现了他的虚无主义思想。他对弗朗索瓦·塔萨尔说："今天，我把《狂人日记》的稿子送到巴黎去了。八天以内，您会看到报纸上说我是个疯子。说实在话，随他们的便吧！我干事、写小说时，我知道我头脑很清楚。这篇小说离奇古怪，会刺激读者，使他们哆嗦，因为这是臆想的作品。"他的朋友罗贝尔·潘雄读了《狂人日记》后，对莫泊桑说这篇小说将会"革新人们的头脑"，他哈哈大笑，并说他可没有"昏头涨脑"。然而，如果说《狂人日记》确是在头脑很清醒的情况下写的，那故事主人公成为作者描写的情绪恐慌、有预感、想自我毁灭种种感觉也是同样存在的。莫泊桑也像他所描绘的人物一样，有时站在镜子面前，发现的不是影子，而是虚无缥缈的世界。有时早晨醒来，他有这样的印象，晚上有人喝了他大颈瓶中的水。他觉得在他身旁有一个瞧不见的人，"他能接近事物，并取它，使它改变位置，尽管是我们感官难以觉察的，但因而具有物质的本性"。总之，这个瞧不见的人，也像他一样，在个人将毁坏时，唯一的出路就是自杀。因为他意识到有这么一个奇怪的亲属关系存在于小说中的疯子和健康人之间，所以他笑逐颜开，捍卫这个人间稀罕之物，并写进小说《狂人日记》中。有些晚上，根据随身仆从的陈述，他在昏暗中点起灯，用他从意大利带来的小梳子，倒着梳小猫的毛皮，弄得小猫因快乐和烦躁而乱叫、乱蹦、乱动，而在他的抚弄下，看着它身上的"磷光"，莫泊桑以此取乐。在这种时候，他好像是在与另一个世界接触，他自己也是一只猫。①

　　1887年5月17日，莫泊桑出版了以《狂人日记》为书名的小说集，受到新闻界的欢迎，被认为是有神秘概念所支配的高质量作品。如果读者受这种不正常的忏悔所迷惑的话，莫泊桑确信，在读完本书后，暂时会从自己的固定观念中摆脱出来。他又回到每天锻炼身体、欢乐地生活，并在埃特尔达的房子里从事写作。房子扩大了，增加了淋浴室和台球室。在这段时间，他在"居易特"接待朋友，给埃尔米纳·勒孔特·杜努伊读新小说的开头部分（刚发表的《狂人日记》，他又在写《皮埃尔和让》），并到公共教育和艺术部为左拉办交涉，左拉渴望得到荣誉勋章，最终他得到垂涎已久的红绶带。他为朋友申请这种荣誉，而自己却拒绝接受。他没有忘记福楼拜的教导，对官方认可的勋章证书之类均采取对立态度。他在写给左拉的信中说："至于我，我算是破釜沉舟了。去年，我明确地并斩钉截铁地拒绝了施普勒先生要授予我的十字勋章。今年，我又向洛克鲁瓦先生重申此事。使我做出这种决定的，既不是推理，也不是什么原则，因为我自己也不知道为什么要鄙视荣誉团勋章，但这是深刻的、莫明其妙的、不可抗拒的厌恶。我考虑过，也承认受勋是不愉快的，我会为授勋而终身遗憾。现在和将来，对参加法兰西学院也如此，

---

① 参见弗朗索瓦·塔萨尔：《回忆莫泊桑》。

我相信,这样做还是有些天真。"①

　　然而,在取得的荣誉面前摆出自负的态度,这并不妨碍莫泊桑愈来愈热衷于捧场性广告。他对围绕他的书说三道四很不满意,便决定用气球升空的办法在公众中引起轰动。他在尼斯遇见一位名叫若维斯的船长,让他负责制造一个气球。但是对这个无视重力规律的气球如何来命名呢?他毫不迟疑地将此球命名为"狂人号",这马上就可以为他的书做广告。1887 年 7 月 8 日,这个容积 1600立方米的圆球在拉维耶特瓦斯厂充气,有 300 人应邀参加气球升空仪式。在餐厅用完餐后,驾驶员莫里斯·马莱邀请莫泊桑和几名乘客登上气球。当绳索解开后,气球腾空而起。莫泊桑激动万分,看着地面离他远去。这么一走是不是一去不复返了?他们越过布满钟楼、塔楼、圆穹的巴黎,中间是闪闪发光的静静的塞纳河。然后,到了圣格拉蒂安,那里住着玛蒂尔德公主,村庄像积木,单调地堆积在已耕耘的田野上。莫泊桑高高悬在空中,第一次坐在气球上,感到有些飘飘然。离群腾空,他倒是能幻想有一个永恒的世界。但是,在他周围,人群骚动了起来。渴望和兴奋过度的游客正在吃冷鸡和喝香槟酒。他也和他们一起进食。这样一来,驾驶员可以减轻载重了,气球立刻升高。太阳落山了,蓝灰色的天空群星闪烁。莫泊桑后来写道:"处在这种气氛中,我们默默无言,内心欢快,欣喜若狂。"朝下看,城市出现了,闪烁着点点星火,晨钟敲响了,"狂人号"

---

① 1887 年的信。左拉在次年才获得荣誉团勋章。

飞越里尔、布鲁日、波涛汹涌的大海,接着,乡村又出现了。气球开始降落,阀门开了,瓦斯放气,发出吱吱响声。气球急速下降靠近地面,驾驶员抛了锚,气球猛烈地着了地。农民们跑过来,看这些天上掉下来的宾客。"狂人号"把乘客带到了比利时的埃斯科河口的埃斯特絮尔梅尔。莫泊桑对这次空中之行十分满意。他给朋友发了电报,他在给埃尔米纳·勒孔特·杜努伊的电报中这样写道:"在埃斯科河口徐徐降落真是一次奇妙的旅行。"

所有的新闻媒体在报道这件事时都是作为文学新闻和体育新闻来报道的。有的评论是带着讥笑口吻的。莫泊桑利用这次好奇的气球旅行,给《费加罗报》写了一篇报道,吹嘘他的空前壮举。文学界的那些小人物跺着脚。对他们来说,莫泊桑本身就是鼓了气的牛皮大王。他登上气球吊篮,就好像高出人一头。而当回到他们原来水平,他又奔钱而去。刻薄的让·洛林惊叹道:"我跟您说过,这是个梁上君子。"突然之间,莫泊桑明白这件事有点夸大其词。在寻找光辉时,莫泊桑有点丧气,他在写给出版商奥兰多夫的信中说:"关于我乘气球旅行,报纸上拳打脚踢地热闹非凡,就这件事有不少人对我嘲笑,也给我带来麻烦。我希望您能止住此事。用我的书名为气球取名,这不是我的主意。现在,对大家来说,我已成为众矢之的了!"

根据弗朗索瓦·塔萨尔的说法,莫泊桑是一年以后重新开始工作的,他避免与新闻界闹纠葛。他躲到埃特尔达,重新投入小说《皮埃尔和让》的写作工作。他想忘掉气球事件引起的风波。1887 年 7

月29日,当他在"居易特"过着平静的生活时,有一位住在万森市南方街25号的年轻女子约瑟芬·利兹尔曼生了一个女儿,取名玛格丽特。她已经有两个孩子:男孩吕西安,生于1883年;第一个女儿吕西安娜生于1884年。三个孩子的父亲都不知道是谁。至少无法正式确认。但是,母亲周围的人窃窃私语,说他们是作家莫泊桑的私生子。莫泊桑认识她和勾引她时,她是沙特尔居戎市玛格丽特泉的汲水女。这是多少次艳遇中的一次。在温泉站,人们是多么厌烦啊!

莫泊桑可能会想起约瑟芬,那是在《奥里奥尔山》一书中,他写过某一位年轻女郎站在小亭子旁,默默地递过一杯清澈的水给匆匆过往的温泉疗养者。莫泊桑在以后的几年中又见过她。她是莫泊桑众多的情妇之一。但是,莫泊桑与她保持秘密关系,但从未想承认她的孩子。至于娶孩子的妈妈,那他更是从未想过,厌恶得很。他厌恶婚姻,从生理上厌恶生育,确信与社会地位低下的人联姻会冒犯洛拉,这就使莫泊桑对他所不希望结婚的家庭保持距离。确实,洛拉怎么能让出生在城堡里的儿子娶一位平民女子呢?出于贵族的虚荣心和做母亲的妒忌心理,她鼓励自己的儿子过自私的和艰难的独身生活,她希望所有的女人都是属于他的,而书本就是他的孩子。莫泊桑是想到自己的情况才写小说《奥里奥尔山》中的主人公布雷蒂尼,这是一个属于"情人族而不是父亲族"的人物。布雷蒂尼是以他自己的例子来写的。然而,好像莫泊桑给约瑟芬秘密提供过物品。这种私下维持三个私生子的办法使她安心。但是,这是全部事实。① 他的生活还有别的内容。那就是沙龙生活和与作家同行交往。

恰好在 1887 年 8 月,文学俱乐部沸腾了。《费加罗报》刚发表了《五人宣言》,这是一篇措辞强烈的抨击文章,由保罗·博纳坦、J. H.罗尼、吕西安·德卡夫、保罗·玛格丽特、居斯塔夫·吉什等五人联名写的,他们认为左拉的《土地》是一本淫秽书籍:"我们摒弃左拉笔下的老好人,其外表超出常人、稀奇古怪、头脑简单,随着时代的发展,这种人物残酷地、狠狠地被抛到光天化日之下。"几个年轻人对自然主义的谴责使爱德蒙·德·龚古尔和阿尔封斯·都德喜笑颜开。两个阵垒各自在互相对立的新闻报刊上大打笔战。但莫泊桑置身争战之外。他承认自己不属于任何一个学派。而他对左拉用强有力的笔调在最近出版的小说中描绘了农民们的兽性表示祝贺:"亲爱的朋友,我写信给您是要告诉您,您的新小说是部完美和杰出的出自伟大艺术家的作品,谨友好地握手。"②莫泊桑继续写作小说《皮埃尔和让》,在旅途和奔波中,艰难地写作此稿。他到蓝色海岸看望他的弟弟埃尔维,他在给莱昂·方丹的信中说:"他患恶性疟疾和脑膜病。"③经医生们诊治后,莫泊桑心情较安定,又回到埃特尔达,那里正是狩猎季节。在那里,他感到气愤的是当地所有房产业主都收到揭发他的恶习的匿名信。这是不是一个爱争风吃

---

① 约瑟芬·利兹尔曼于 1920 年逝世,享年 63 岁。吕西安逝于 1947 年,吕西安娜逝于 1954 年。玛格丽特逝于 1951 年,她有两个女儿。

② 1888 年 1 月的信。

③ 1887 年 10 月的信。

醋的女人干的勾当？他无法弄清事情真相。他只好耸耸肩膀，装起行李一走了之。这次他去的目的地是马赛。他带着随身仆人，于1887年10月3日到达，下榻诺阿伊旅馆，他去看一艘要出卖的"赞加拉"号船，逛逛热闹大街。第二天他坐船赴阿尔及利亚。

在阿尔及尔，莫泊桑对当地"香气扑鼻"颇感欣快，但对不舒服的住房很恼火。他在给母亲的信中写道："我们挨着旅馆一个一个地找，对房间和伙食都不满意。我的窗前就是阿尔及尔港，噪声吵人，这使我想起维克多·雨果大道，这是条令人生畏的大道，火车声，远洋轮的汽笛声，蒸汽起重机，还有像牛马一样装卸货物的阿拉伯人。"①不久，他在勒特吕-罗兰街租了一套两居室房子，并在附近四周漫步，欣赏松树林，但他最感兴趣的是戴着面纱、两眼窥视着他的穆斯林妇女。回到住处，他咒骂叮他弄得他睡不了觉的蚊子。愈来愈厉害的偏头痛也搅得他夜里不得安宁。虽然他眼睛有病，但是他还是寻找阳光，享受沙漠里静悄悄的但又耀眼的光线。他在给笔名为让·拉奥尔的著名象征派诗人亨利·卡扎利斯博士的信中写道："我正在一个充满野性的国家里做一次美好的徒步旅行，这个国家像是铺满狮皮的地毯。我游览阿尔及利亚不知其名的一隅之地，在那里，我还发现有许许多多在小说中未出现过的森林、沟壑。"②莫泊桑参观游览了比斯克拉的康士坦丁之后，接着，又到哈达·里兹温泉，对这一切他赞叹不已。在给热纳维雅芙·施特劳斯的信中

① 1887年10月的信。
② 1887年的信。

他充满激情地说："我呼吸着来自沙漠的空气,吞噬着寂寞孤独。它使人感到既美好又悲伤。有几个晚上,我来到几家非洲的客栈,发现只有一间闷热的白色房间,我感到心情惆怅,这与我相识和热爱的一切相距甚远,我爱这里的一切。有一天,我依傍在破烂的沙漠旅馆门边,直至深更半夜,我食之无味,喝之无感觉。在远处,狗在吠,狼在号,鬣狗在叫。这些嘈杂的声音,在非洲繁星闪烁的天空下是多么的凄凉,使人寂寞无主,冷彻骨髓。"①

在给母亲的信中,莫泊桑写得比较含蓄:"在经过几天水土不服的奔波后,我已真正尝到了热浪的好处。我需要这种长期居留。"但是这种"长期居留"想法,不久他就放弃了,并乘火车到突尼斯。在那里,他稍事休整,让黑人按摩师按摩,租了一辆车游览郊区,想在迦太基的废墟里寻找福楼拜的影子和看一看著名古迹"突尼斯胖女人"。这是一尊120公斤的巨型女人像,它的四周围着扭弄舞姿的三个女儿。

这种异国情调也只是引起莫泊桑的一般兴趣,他仍然不能忘怀留在法国的女人。其中有一位特别使他惦记,其名字至今未被人知晓。但是莫泊桑对她一往情深,想让她成为终身伴侣。有一段时间,她成了他身边的女人们争风吃醋的对象。他在突尼斯给她的信中写道:"从昨天晚上起,我是多么想念您,一个念头萦绕在我的脑海里,我想见到您,马上见到您。无论是航行在漫漫的大海上,穿越

---

① 1888年初的信。

崇山峻岭,还是漫步在城市乡村,我只希望你偎依在我身旁,闻着您头发散发的芳香。您没有感觉到吗? 在寂静夜晚中,您知道我在想念您吗? 我特别想看到您的眼睛,您那柔情蜜意的眼睛。为什么涌进我们脑海中的首先是眼睛,我们所爱的女人的眼睛? 这双眼睛困扰着我们,使我们幸福或难过,这是个猜不透的深奥的谜。这些蓝色的、黑色的或绿色的眼睛,尽管形状和颜色不变,但总是传达着爱和恨、温柔和恐惧,这是千言万语、千姿百态所无法表达的。几个星期后,我将离开非洲,我们又将见面,我们又将在一起,不是吗? 我的宝贝。"①这封充满激情的信不知收到回信没有。总之,"我的宝贝"不喜欢露面。这位女子也是莫泊桑喜欢的那群不露面的女子中的一位,可能他已经拥有她,但始终没有肯定关系。

实际上,并不是这位不露面的女子促使莫泊桑返回法国,而是《皮埃尔和让》这本书要出版,还有他要写非洲印象记。他在给表妹露西·勒·普瓦特万的信中写道:"我在突尼斯市游览和写笔记。我写完了小说,并编好旅行札记;晚上,我是什么也干不了。"②这本小说,几个星期前就明确地和他妈妈谈起过:"《皮埃尔和让》在文学上是成功的,但销路不见得会好。我相信这是本好书……但是,这本书令人难受,这可能妨碍销路。"③当然,他已选择好出版商。他想惩治一下哈佛,此出版商迟迟不支付版税,发行部门效率不行。

---

① 1887 年 12 月 19 日,《给某夫人的信》。
② 1888 年 1 月 3 日的信。
③ 1887 年 9 月末的信。

莫泊桑很干脆地说："我不想跟您故弄玄虚,我想最好亲自跟您说,我已经把一本篇幅不大的长篇小说交给了奥兰多夫,我已经答应他很久了。"①下个月,他更斩钉截铁地说："您再一次使我陷入尴尬境地,这次我觉得太过分了……我打电报告诉奥兰多夫,我要2000法郎。不仅您的销售情况不好,支付的款数也不对头,我早就和您说过,这是问题的基本所在。我刚接到马尔蓬的通知,《图瓦纳》和《白昼和夜晚的故事》两本书,前者已到1万册,而后者已到1.1万册。这两本书每本售价5法郎,是我写的书中销售量最差劲的,什么广告都没有做。而《亲人》是1.1万册,《狂人日记》是1.3万册。当我与我那些销售量大的书,如《泰利埃之家》《菲菲小姐》《小罗克》相比,我只好说您在销售方面是完全不行的。"②

1888年1月,莫泊桑对哈佛又提出抗议,因为尼斯书店脱销:"一个承担我的利益的出版商,竟然在出版另一本书时让《泰利埃之家》一书脱销,因而我得采取措施。"③他名气越大,商业事务上就得更强硬。他想,一个好作家为什么不能同时成为一个老谋深算的商人呢?

幸好,奥兰多夫应酬的事比哈佛要多。他认为《皮埃尔和让》作为篇幅来说是少了一些,他建议作者写一篇序言,对他来说,这是种职业信念。莫泊桑对这个主意认可,马上写了一篇序言。序言中

---

① 1887年9月19日的信。
② 1887年10月20日的信。
③ 1888年1月6日的信。

对文学创作发表了热情洋溢的意见，并将该稿送到《费加罗报》。在这篇文章中，他谴责故弄玄虚、弄虚作假，承认比较喜爱温和的、诚挚的、审慎的现实主义，认为作者不应与人物混同，而让人物自由发展，他说不应该盯住某一学派，鼓吹风格应自然和简洁。他写道："不要用稀奇古怪、生涩难懂、辞藻堆砌、难以理解的词汇来表达思想，并冠以什么艺术笔法之类的名词。我们要当文笔优美的作家，不要做生造词汇的收集家……作家使用的法语是一种纯洁如水的语言，过去没有，今后也不能搞乱……这种语言的特点是明确性、逻辑性和强劲有力。它不能削弱、腐蚀，使之暗淡无光。今天，那些描绘人物的人并不警惕抽象的词汇，那些风风雨雨捣乱的人也会向同行落井下石！这些东西可以伤身，但不能伤及他们自己没有的纯洁心灵。"这里显然有对渐趋衰落的左拉的自然主义含蓄的批评，也有对爱德蒙·德·龚古尔和象征派的矫揉造作、装腔作势的尖锐批评。1888 年 1 月 6 日，当莫泊桑下船回到法国时，他是意识到这点的。但是，他准备应付即将到来的风暴。在他的序言中，他依靠的是福楼拜的榜样和威信，他认为这些评价会封住那些找碴儿的人的嘴。海上旅行风浪太大，弗朗索瓦·塔萨尔晕船。

刚到达马赛，莫泊桑就急于翻阅 1888 年 1 月 7 日《费加罗报》文学增刊，他阅读起自己的那篇文章。发现编辑部秘书将其删去了一段。莫泊桑对此十分恼火，想要向该报提出起诉。他认为，这样一删改，文章的思想被歪曲了。他委托他的朋友埃米尔·施特劳斯来为他进行辩护。施特劳斯立刻进行了交涉。莫泊桑对此迫不及待,他待在戛纳,对律师写了不少威胁性信件,要求惩治犯事者。《费加罗报》在它的栏目里发表文章申辩:"作者并没有要求再看清样,我们自己选择文章的主要段落,而删去我们认为不必要的段落。当报纸为篇幅所限时,这种做法是很通常的。当问题到了对簿公堂时,对话就不是什么愉快的事,看来还是让律师出来说话为妥。"最后事情总算妥善解决了,《费加罗报》公布了一个很得体的公告:"居易·德·莫泊桑先生就本报发表文章未经其允许进行删节问题向《费加罗报》进行司法诉讼,经解释后已撤诉,我们对友好解决此问题感到高兴,希望能与同行恢复往日关系。"

这篇名为序言的声明,就像投石于水,波浪迭起,使文坛人物纷纷牵连。莫泊桑讲的"文字游戏"的暗示,使爱德蒙·德·龚古尔受到牵连,1888 年 1 月 9 日,他在《日记》中写道:"莫泊桑在他的新小说序言中攻击了艺术风格,他是针对我的,虽然没有指名道姓……在攻击我的同时,他通过邮局给我寄了一封信,表示了对我的尊重和喜爱,他使我相信,他是真正的诺曼底人。再说,左拉曾告诉我他是一位爱说谎的人。现在看来,他在诺曼底可能是一个莫尼埃之流的非常狡猾的人,他当然可以贬低艺术风格。作家中,从拉布吕耶尔、波舒哀、圣西门,并经夏多布里昂,最终到福楼拜,他们都是以这种风格写文章,而且被文人们所承认,当大作家都是只有具备这种条件才行;而莫泊桑并没有这样做,他写的只是泛泛之笔、东抄西凑。上星期,吉什对这位二流作家进行了最好的批评,他说莫泊桑的小说有人看,但不会再看第二遍。"

爱德蒙·德·龚古尔这种愤怒之情,在那些讲究精雕细刻笔调的很多作家都有同感,这就表明了那些讲究文风和讲究作家风格的作家都跟莫泊桑对立。前一类作家以笔锋突起吸引公众,后一类则是以深刻的语调笔法取胜。前者要人们承认他们写的书的每一句都出类拔萃,而后者要的是人物生动和有特色。莫泊桑引以为荣的是他属于后一类的作家。他认为作家写东西不是用头脑,而是用心血。

《皮埃尔和让》一书是很符合这种定义的。情节比较简单,讲的是一个资产阶级家庭,由于意想不到的遗产纠纷,引起家庭瓦解。这笔遗产来自这对夫妇的老朋友,是两个儿子中的一个偶然得到的。财产的受益者让,是不是死者的孩子,一个不知生身父母的私生子?让的哥哥皮埃尔,开始有些怀疑,后来确信有此事。从童年时起,这两个男子(现年已 30 岁和 25 岁)莫明其妙地相互对立。哥哥皮埃尔爱吵吵嚷嚷、不听话,经常妒忌聪明、听话、安分守己的弟弟让,让比较讨父母喜欢。今天,哥哥已无法容忍弟弟。此外,他十分信任、疼爱的母亲竟是个通奸者,在丈夫和孩子面前一本正经,他觉得自己上当受骗。莫泊桑在谈到小说主人公时写道:"他怎么能容忍每天生活在一起,每天都看到的母亲,抚养疼爱外姓人的孩子,自己的母亲也像别的女人那样干这种事,就这么回事!……啊!他是想原谅,但现在却办不到,也无法忘记。如果仅仅是不使他母亲痛苦,那也就罢了,而是他自己无法容忍……这种家丑不能外扬,使他恨母亲。这是眼中钉肉中刺,他真想像疯狗似的咬她一口。"总之,皮埃尔想逃离家庭,让母亲与她的私生子、他的异父兄弟和合法父亲一起过日子。这位戴绿帽子的丈夫,是个庸碌无能的老好人,相比其他人物所受的折磨那就更惨了。作品的高潮是,母亲罗兰夫人向儿子让承认,他是私生子,但对此错误不感到遗憾,因为这桩婚外恋使她的生命充满光辉。她对晕头转向的儿子让说:"告诉你,我是你爸爸的情妇,也是他的妻子,真正的妻子,我从心底来说不感到羞耻,我也不感到遗憾,我爱他,即使他死了,我也将永远爱他,如果我没有他,我这一辈子就什么美好的东西都没有了,没有温柔,没有体贴,白活到老!我的一切都是他的。"

莫泊桑说,这是在报上看到的一则逸闻,这就是《皮埃尔和让》的构思来源。有一位名叫爱德华·埃斯托尼耶的年轻作家,向莫泊桑指出,他曾写过一本完全相同的小说,莫泊桑说:"可不可能您和我一样,在同一天看到过同一则逸闻?往往有这种情况,某件震动人心、发人深省和引起人们评论的事件,能产生性质相同而思路不同却同样震撼人心的作品……因为某种原因,某一种思想产生的更快一些,作品来自同一个根源,另一篇就能指责为抄袭吗?我的先生和亲爱的同事,我只能说您自找麻烦。"①对这本小说构思的来源的解释,后来被埃尔米纳·勒孔特·杜努伊所证实,莫泊桑给她读过《皮埃尔和让》的第一章节,她说:"这是一件真事,这件事使他产生写这本书的念头。他的一个朋友有 800 万遗产。这笔遗产是家

---

① 1888 年 2 月 2 日的信。

庭的常客留给年轻人的。年轻人的父亲是个老头儿,而母亲年轻又漂亮。莫泊桑设法解决这笔财产的赠予问题。他做了某种他能接受的解释。"①

　　因而,莫泊桑如果是受"真实故事"所感动,那是因为长期以来他注意私生子问题。他的很多小说(如《西蒙老爹》《帕朗先生》《农庄女的故事》《儿子》《永别》《遗嘱》等)都谈到了被抛弃或被领养孩子的命运,私生子问题的困扰,寻找真情,那些无力的反抗,假父亲的猜疑,有过错的妻子的悲剧……莫泊桑由于童年时深受父母分居生活的影响,他比较亲近母亲,设法理解她,设身处地地为她着想,可能还会发现她过去有否艳遇。当然,他从不相信人们所说的那样,他是福楼拜的儿子,但是,这终究是他出身问题的一个奥秘。罗兰夫人对私生子让所透露的情况,居易倒是喜欢他母亲也这样做以便解开疑团以释重负。他感到自己既是私生子让,又是合法婚生子皮埃尔。这种内心世界的斗争,通过他创造的虚构人物,在小说中都有所反映。因而,《皮埃尔和让》这本书是极具人物个性的作品,也是一本无意中自我揭露的作品。此外,这部作品是在满怀激情中三个月内一气呵成的。原稿中改动极少。与莫泊桑的其他小说相比,这部小说更为短小和简练,特别重要的是这部作品在方法结构上富于戏剧性、激情奔放。

　　埃米尔·左拉称赞这是部天才作品,阿纳托尔·法朗士在《时

---

① 埃尔米纳·勒孔特·杜努伊:《回顾生活》。

代》杂志上撰文说："有力量、灵活、有分寸，这对这位体魄健壮和了不起的作者来说样样都具备。"阿道夫·巴丹在《新观察》杂志撰文说："为了处理好一个令人棘手的情节，不至于使读者产生反感或者敏感，莫泊桑确实表现出了非凡的才能。"《画报》杂志专栏作家赞扬作者从没有抽象描写，"无论风格和人物"都生龙活虎。然而，《辩论报》评论认为故事情节生硬、内容悲观厌世："我们看来，可能很多读者也如此看，读了《皮埃尔和让》后，不仅感到难受和悲伤，而且精神有些忧郁……有一部分人希望用另一种语调和腔调来谈人们的痛苦、弱点和缺陷。"

莫泊桑对极少数一本正经的新闻记者和一些挑三剔四的读者嗤之以鼻，他要以事实予以驳斥。大部分读者是站在他一边的，书的销路就是证明，他脑子里还有很多计划呢！但是，他不能只靠写作，因为它可以维持他的生活，也可以不适生活。他想的还是两件事：写作和娱乐两不误。1888 年 1 月底，他又到马赛购买游船"赞加拉"号。他用电报通知贝尔纳和雷蒙两位船员，来此帮助他鉴别船只。这是一艘长 14.6 米，载重 20 吨，有主桅杆和前桅的快速独桅帆船。船内有一间能容 10 人的餐厅，还有一间供船主住的舒适的房间。这艘船是在英国的林明顿船厂制造，用苏格兰白桦木制成，船壳结实，镶有铜边。同"漂亮朋友"号相比，这条船要豪华得多。莫泊桑毫不犹豫地买了下来。将一艘 9 吨的船只换成 20 吨，这也说明他事业的成功，财力雄厚。此船价格为 7000 法郎。在目前这个阶段，他花多少钱都不在乎。他与卖主谈妥了，这两个卖主都是马赛人。当在船只登记处办完手续后,他命令两位船员在船壳上漆上新的名字。"赞加拉"号变成"漂亮朋友2"号。

在一个微寒的早晨,船只起航离港。莫泊桑管掌舵。他打算在博尔克罗尔稍作停留后,两三天内到达戛纳。海浪滔天,弗朗索瓦·塔萨尔脸色铁青,呕吐不止。贝尔纳也忐忑不安,观看模糊不清的天边。只有莫泊桑信心十足,乐不可支。他想,大浪滔天,那是欢迎他们的信号。在与人奋斗之后,该与天奋斗。突然计上心来,他告诉随身仆人:"我又找到一个专栏题目。真的,只有我才能想到这些事!"他比青年时代更有甚之,行动与思想,运动和写作,对他来说都是最大的幸福。

第十四章　埃尔维走了

　　"漂亮朋友 2"号船在戛纳港靠岸。莫泊桑和母亲住在絮凯山附近的"大陆别墅",每天都去欣赏游船,登上船闻油漆香味,准备出航。但是,他们在海上游览时间很短,也平安无事。游船也是他与在蓝色海岸过冬的上流社会人士会面的场所,他接待过沙特尔公爵、萨冈公主、加利费侯爵夫人,当然还有埃马纽埃拉·波托卡伯爵夫人和热纳维雅芙·施特劳斯。在这些夫人面前,他扮演熟练水手的角色,有时还一头扎进水里,神气活现地游泳,上甲板时舔着小胡子。她们对这位水陆两栖的作家拍手称赞,而他有时顺着她们唱几首布日瓦尔船夫小调以取悦芳心。

　　诚实的弗朗索瓦·塔萨尔对主人与这些身份高贵的夫人的关系颇为惊讶。使他最为吃惊的当然是那位使人神魂颠倒、诱人的波托卡伯爵夫人。"死人宴会"的女主人总是围着莫泊桑转,当她觉得把他挑逗起来时,就卖弄风骚,表面上装着冷若冰霜,但仍笑容可掬。对这种声色之乐的捉迷藏游戏，莫泊桑欣然接受，在给她的信中写道："真的，我总是喜欢去旅行，虽然社会上有那些条条框框约束，我还是求您陪我去玩。与您一起旅行也许是个梦想，我且不说我无法品尝您的温柔和见到您时的欢乐……但是，我也不知道有哪个女人能比得上您那样作为理想的旅伴，我还要说如果您过去说是，明天我也许会说不……因为这件事十分危险，我得谨慎行事。这不是什么故作姿态的调情话语。"①

　　莫泊桑有时独自一人，有时与贵妇们结伴而行，他们在戛纳、昂蒂布、维勒弗朗什、蒙特卡罗之间做短途航行……这种宁静的航行赋予他灵感，写出《在水上》②那篇漂亮的文章，那是一篇既有光明也有失望的故事。因为在这种航行中，既有怒海狂涛，也有和风拂面，使人感到人世间的酸甜苦辣。如花似玉的美人，风景如画的景色，这一切美好的事物倒使他想到死。但是一想到死，就想与大自然融为一体，享受尘世之乐。他写道："我有时会像低级动物那样本能地感到心惊胆战。当风和日丽时，我就想像田野上好色的巨兽那样寻觅情侣、到处游荡，那时我已不是人类的一员，而是大自然各种生灵的伙伴。"

　　他的母亲认为，莫泊桑漂泊不定的生活，是对她感情失败的补偿。通过她儿子的经历，她为一个被遗弃女人平庸和单调的生活报仇雪恨。莫泊桑告诉母亲他的艳遇和他出版的书。她与儿子讨论

---

①　1888 年的信。
②　此文发表于 1888 年《文学和艺术》杂志。

正在写作的小说的情节,甚至为书取名为《如死一般强》。但是,当时最使他俩苦恼的是埃尔维的健康,显然,埃尔维神智混乱。尽管长期以来,莫泊桑与父亲已没什么亲子之情,但是,在1888年2月8日他还是将弟弟患病之事告诉了他:"埃尔维写了一些信,神神道道,前言不搭后语,悲观绝望,母亲为此事伤透脑筋,我也为此悲伤和难受。"

　　家庭气氛愁云密布,但这并不妨碍莫泊桑继续撰写他的小说《如死一般强》,修改中短篇小说集《于松夫人的蔷薇》的校样——此书将在康坦出版社出版,另外他还注视着马尔蓬和弗拉马里翁出版社出版的小说集《在水上》。在此期间,他还为他心爱的埃尔米纳的丈夫安德烈·勒孔特·杜努伊到外交部交涉荣誉团勋章。外面盛传他也想得这种勋章,他在写给传播这种谣言的记者信中说:"我曾请求人们不要给我(十字勋章),叫别人告诉部里把我遗忘,我说过,我的朋友也可证明,我希望站在荣誉和头衔之类的圈外……我不赞成在文艺上搞什么级别。我们这些人是不需要分等划级的……当人们不求人时,不要什么荣誉头衔时,那就生活得更好……然而,我得告诉您,读了您的文章后,说我对荣誉勋章仰望已久,我不希望人们相信其反面。"①因此,他在拒绝接受荣誉团勋章时,还尽可能不伤害重视这种荣誉的同事的心。莫泊桑对资产阶级的传统习俗是极力反对的,但对捍卫其秩序的人却彬彬有礼。在他

---

① 1888年7月的信。

作品中,他抨击上流社会,但不会因此断绝与之交往,这种双重态度他已多次表白过。在他的同时代人面前,他表现出自己是一个谨小慎微的造反派,一个渴望利益的否定者。他的密友爱德蒙·德·龚古尔说:"这个莫泊桑确是诺曼底乡巴佬,一个骗子。"①

现在,"骗子"正在与头痛病做斗争,他想,这种病是遗传病,因为他母亲一直也患偏头痛和视力疾病。他在埃特尔达作短暂逗留,那时正是风雨交加,他不得不大量服用安替比林。他又到阿克斯-勒班去进行治疗,虽然没能减轻痛苦,然而却有时间照顾埃尔维,埃尔维病情日趋恶化,正在看医生。1888 年 10 月 20 日,由于忧虑和疲劳,他再次溜到非洲小憩。

11 月 21 日,他在阿尔及尔写信给热纳维雅芙·施特劳斯:"我的神经痛病需要晒太阳,因为这里有阳光,有真实的自然风光,有热浪,有晚霞、非洲的太阳。我在阿拉伯的街道上闲逛直至半夜 11 点钟,不用穿外衣,也不会打寒战,这就证明夜晚和白天一样热,但是撒哈拉气候的影响是很刺激人和令人恼火的。睡不好觉,直打哆嗦,焦躁不安,神经痛……我也像穆斯林那样,在清真寺里抓虱子。在这种宁静的祈祷场所,没有噪声干扰,我待在那些坐着的或匍匐在地的阿拉伯人身旁,构思我的小说,这些脸无表情的信徒对我既不好奇也不敌视。夜晚十分美好,和风拂面,暖气袭人……当我来到阿拉伯城市里,就像来到了一千零一夜中神奇的迷宫一般,那里

---

① 爱德蒙·德·龚古尔:1888 年 6 月 24 日《日记》。

的气味不大好闻,人多,地少,鼻子虽闻不到多少,但眼前看到的五颜六色,使人目不暇接,男人光着腿,女人披着白纱巾,她们挨门挨户不声不响地走来走去,就像是神话故事里的活人。"

三个星期以前,他曾经向这个热纳维雅芙·施特劳斯谈及反对门不当户不对的婚姻,他说:"以婚姻形式表现出来男女联姻,其基础是文化水平和社会地位,我很怀疑,一个上等人物,出身高贵,文雅有风度,他怎能成为粗俗不堪的造物的情侣。"他同样排斥出身低微的女人,实际上他曾是那个约瑟芬·利兹尔曼的情人,她还给他生养了三个孩子。他认为,这些不幸的女人只能满足出身高贵的男人的情欲。然而在阿尔及尔,他也和往常一样到这类女人家中串门。很可能,这类女子中的一个,使他写《阿鲁玛》产生灵感。他描写的这个女子漂亮、神秘、野性十足,还会"眉目传情",从而迷住和占有了他。

莫泊桑身在异国他乡,远离可爱聪明的热纳维雅芙·施特劳斯。但是,他知道她对这种旅行的描绘怀有很大兴趣,那里有异国情调和声色肉欲之乐。他沉湎于当地人生活的同时,又乐于给在法国的忧郁多姿的女友们写信。他还关心正在整修的"漂亮朋友2"号船的情况。该船壳板更换成铜皮的工程费用已大大超支。这真是气死人了!莫泊桑在突尼斯不断地给莫里斯·米泰斯写信,希望他能管好工人并检查开支费用。

1889年初,莫泊桑回到法国,与出版商及几家杂志讨论几本小说集的再版问题,谈到在外国销售他的集子问题,还有在奥兰多夫出版社出版小说集《左手》等事项，他还得知维利耶·德·利斯尔-亚当已穷极潦倒，就放弃了一篇专栏文章的稿酬，约 200 法郎。1889 年 3 月 6 日，爱德蒙·德·龚古尔见到了莫泊桑，他在《日记》中写道："莫泊桑从非洲旅行归来，并在公主①家赴宴，他说身体极棒。事实上，他虽生气勃勃、神气活现，说话滔滔不绝，但面容消瘦，皮肤黝黑，跟平时不一样。从他眼神和目光来看，他无所谓，说他喜欢有太阳的国家，比起上次在 8 月份到撒哈拉天气没那么炎热，那时在树荫下有 53 摄氏度，热得叫人受不了。"

这天晚上，有位来宾聚精会神地观察了莫泊桑。他仔细地看这位作家的额角，好像要摸透他脑子里想什么。这位宾客就是著名的精神科医生布朗什，他在帕西市贝尔车街 17 号开了一家诊所。饭后，莫泊桑把他拉到一旁，向他说起他弟弟埃尔维的精神状态日趋恶化的情况。布朗什大夫仔细地听着。但是，要说他在关心埃尔维，倒不如说是在关心居易。

这次见面以后的几天，《如死一般强》先暂名《老青年》以连载形式在《画报》上发表。1889 年 5 月末，该书汇集成册，取名为《如死一般强》在各家书店销售。奥兰多夫为此书大肆宣扬，35 000 册书在半年内销售一空。在此书出版的前一年，莫泊桑就写信给母亲谈了这本还未完稿的书的情况："我觉得这本书写起来有点费劲，尽管人物刻画很细腻，事物有启发性，语言也较含蓄，篇幅也不大，但

①　玛蒂尔德公主。

是在人们眼前展现的是恐怖生活的幻觉，它既富于温情又灰心绝望。现在书店正值危机时期，没有人买书。我想，如果把廉价再版书、40 生丁的丛书都抛向读者，小说就完蛋了。书店的柜台已看不到小说，卖的尽是一些价格低廉的小书。"[1]

在《画报》杂志的读者中，莫泊桑的小说当前还是挺走俏的，但他却认为损害了他的利益。他给经理的信中，还是挑三拣四："就像我跟您指出过那样，你们每行字数与《费加罗报》和《吉尔·布拉斯报》不成比例，每行长度也是您向我指出过的。这个数字是人家提供的，而且我自己也核实过的。《画报》杂志每行 75 个字母，而《费加罗报》连载是 32 个字母，字行间隔较小，《吉尔·布拉斯报》是 33 个字母，字行间隔一般。这两种报纸平均字母是 33 个。乘以 2，那就是 66 个字母，比你们至少 9 个字母。每个法郎算 33 个字母，我 16 个半字母拿半法郎，8 $\frac{1}{4}$ 字母拿 0.25 法郎。你们每一行就 9 个字母算比报纸上可多 2 行，中间分割我应该领 25 个生丁多一点。总数是 0.25 法郎，根据我们合同条文应是 2.25 法郎而不是 2 法郎，我算的是长条样的字数，而不是杂志的字数，为的是避免因制版而造成的困难。我们把一张纸一分为二，前半张是 6150 小行，而后半张是 4708 小行，总共是 10858 小行，5429 行约 2.25 法郎，总数是 12315 法郎，而我领的版税是 5500 法郎。您欠我 6815 法郎。亲爱的先生，谨致诚挚的问候。"[2]

---

① 1888 年 5 月的信。
② 莫里斯·德吕翁先生收集。

莫泊桑这个人,在朋友和亲人急需时是慷慨大方,但对报刊经理、出版商等同行却怀疑和恼恨,甚至有迫害狂的倾向。他挣钱越多,越感到上当受骗。他一边数着账单,一边对那些同事既小心翼翼又充满反感。谁要说个不是,他动辄就威胁要告他们。他在生活上用的手段是唐璜式的,也是个精打细算的会计。

　　然而,《如死一般强》并不是一本单纯从经济利益角度考虑的作品。他把自己的性格也融入了其中。通过主人公的忧思,书中表现了代表他的血肉之躯。画家奥利维耶·贝尔坦是位循规蹈矩的正统人物,他不像左拉作品中克洛德·朗捷那样有生动鲜明性格,也比不上巴尔扎克《不出名的杰作》中法朗豪佛那种特点。然而,莫泊桑对大印象派画家肖像画颇为偏爱,把他们所描绘的人物归纳一种刻板和转眼即逝的才能,上流社会的夫人们对此却情有独钟。他必然会想到博纳,也可能想到热尔韦,1886 年,居易曾模仿过热尔韦的样子,并对他一直表示钦佩。① 奥利维耶过去为非常漂亮的美人安妮·德·吉尔罗瓦画像,并成为她的情人,而且,他想尽办法,终于战胜了自己内心如女人般的猜疑和嫉妒。他们的私情十分狂热,双方都觉得到了如痴如狂阶段。此外,吉尔罗瓦夫人的女儿安妮特,针对这种肆无忌惮的如年轻人的狂热,向他们提醒他们的关系基础是脆弱的。

　　《如死一般强》既刻画了画家的苦恼心情,即担心跟不上新艺

---

①　莫泊桑让画家让-巴蒂斯特·居特为其画像,居特在 1888 年为其画了水彩像。

术家并被他们所淘汰,又无情地鞭挞了习惯于孤芳自赏的人的守旧心理。奥利维耶·贝尔坦在报上看到,说他的艺术已经"过时",这个词"就像当头一棒"使莫泊桑注意到在读者中声誉下降,有点担心自己的前途。莫泊桑写道:"他对批评和赞扬都很敏感,尽管他有正当的虚荣心,在他内心深处,他为争议多赞扬少而感到不安……今天,新人和新的崇拜者层出不穷,恭维称赞者日益稀少,而挑剔指责者日益增多,他感到自己列入老画家行列,而年轻人并不把他们当作大师。"同样,在喜剧歌剧院演出《浮士德》时,奥利维耶·贝尔坦也为自己日趋衰老而难受,认为自己就像"到了退休年龄的超龄的官员,失去社会地位,职业生涯已完结"。这种情绪也表现在他给埃尔米纳·勒孔特·杜努伊的信中:"我已经过 38 岁了,也不可能再年轻了! 我想,就像别人那样,有钱和有才能都不管事,怎么说也无法永葆青春了。"

在读了《如死一般强》这本小说后,一位陌生的女读者对作者表示了尊敬和感动,莫泊桑在回信中说:"我对您的信很感动,真的很感动! 这本书是为女人们写的,当然也是为男人们写的,只是人数少一些。文学家们不喜欢这本书。我所寻找的感情色彩,他们认为不是艺术家的手笔。年轻人也瞧不上这本书。所有那些没有谈情说爱经验的人都会认为该书缺乏趣味性和生动感。但是,我原希望这本书会使男男女女触景生情,也希望那些与我描写的人物有类似感情或心灵相通的读者了解我曾想干什么。我觉得我已经感动了一些人的心，我很高兴。我还要再次感动其他人！"①

　　尽管莫泊桑对他小说的估计并不乐观，但公众和舆论界的反应使他喜笑颜开。大部分文学专栏作家赞扬作者对一个已经成熟、渐趋衰老、受欲望所折磨的人的研究所具有的敏感。保尔·吉尼斯蒂在《吉尔·布拉斯报》上撰文说："经过长期折磨，当心灵觉醒时，那就无力呻吟了。"朱尔·勒迈特在《蓝色杂志》上撰文："这篇小说的主题，就是衰老的无限的忧伤……这个曲折离奇的故事，使我们日渐看清此事的真相。"女人们来信纷纷寄到莫泊桑办公室。有些崇拜者甚至挤进门来，说在女主人公身上看到了自己。弗朗索瓦·塔萨尔甚感荣幸，好像这个光荣业绩也有他一份功劳。

　　《如死一般强》出版时国际博览会也正好开幕，这次展览会最吸引人的是埃菲尔铁塔。尽管莫泊桑诅咒这个令人厌恶的铁柱，但是仍和漂亮的女人一起参观并在第二层进餐。然而，他觉得这里的烹调"令人恶心"，并抱怨"吃每道菜要等 1 小时"②。首都的这种世界性的喧闹声很快使他感到厌烦。他讨厌节日的人群，在靠近沃市的特里埃尔租了"斯蒂埃尔多夫"别墅以度过夏天。塞纳河从房子前流过。莫泊桑由于摆脱了世俗的羁绊，游水、划船、构思和写作后来出版的小说《我们的心》。他还和波托卡伯爵夫人通信频繁，这些信时而热情奔放，时而一本正经，信中说："我从来没有如此热烈和强烈地想念您，我从来没有感到您对我这么亲切。夫人，您能给

------

① 1889 年夏的信。
② 1889 年的信。

我写几个字吗?"过了不久,他向她表达了"名誉丈夫"的爱情。她先拒绝了他的爱情,最后她顺从了他。的确,一个响当当的男子汉是不愿意在一个女人面前卑躬屈膝的,像他这样的男人,应该有个性,这样才感到开心、刺激。但是,他也许从这种无聊的玩笑中,得到一种精神补偿。

莫泊桑的男朋友和女朋友纷纷来到他的新居拜访。过去,他是找他们聚会,今天只想跟他们聊大天,他的朋友们不让他继续写作品。6 月 20 日,他请作为邻居的左拉来他家用餐。左拉是骑自行车来的。自从在特拉普家聚餐以后,这两人关系渐趋冷淡。尽管他还称左拉为"我的导师和朋友",左拉也知道莫泊桑已远离自然主义,对自己不过是毫无好感的尊重而已。使莫泊桑不快的,并不完全是他这位同行的文学理论,而是在于对所有各类问题的教条主义立场,为伸张社会正义采取的态度和缺少幽默感。但是一有机会,莫泊桑还是毫不犹豫地帮他的忙。因而,他最近还给西部铁路公司发了一封挂号信,使左拉能得到特别允许,坐机车从巴黎到芒特。确实,左拉作为"科学作家",需要仔细地收集铁路员工的生活资料以便写他的小说《人面兽心》,由于莫泊桑托人帮忙,左拉如愿以偿。尽管莫泊桑继续尊重他,但左拉心里是不信任的。在争夺读者中他俩是对手,并且相互监视,尽管每发行一本新书,双方都写信表示祝贺。弗朗索瓦·塔萨尔每次都侍候他俩吃饭,证实他俩谈话十分不对劲,他写道:"两个小说家时时刻刻看对方一眼,就像互相窥伺的两只猫,然后低头吃饭。这不是我主人的常态,他总是开朗快乐的。总之，僵局并未消除。"一吃完饭，左拉骑自行车走了。他去找比他小 27 岁的情人让娜·罗泽罗，她过去是左拉妻子的女佣。莫泊桑叹道："这个左拉，我是把他当成伟大作家，有了不起的文学价值的作家！"但是，不一会儿，他又补充道："就个人而言，我是不喜欢他！"总之，他除了喜欢那些让他没完没了等待的上流社会女人外，还喜欢谁呢？他觉得特里埃尔又潮又冷，实在难以忍受，再加之来客川流不息。他在给亨利·卡扎利斯医生的信中说："这座房子成为我喜欢的可爱的人们的聚会场地，但他们使我没法工作。由于这里夏天提前来到，我决定去航海，我知道海上运动对我的胃更有好处。我将到科西嘉去玩，然后经过那些港口到那不勒斯。哪里使我高兴我就到哪里去。我到那里后再给您写信。这种放荡生活我更喜欢。"①

然而，在到南方晒太阳以前，他回到埃特尔达。在那里写小说，散步，打枪，打网球，拜访埃尔米纳·勒孔特·杜努伊，她还是那么聪明可爱、金发披肩。晚上，去"居易特"为几个朋友做游戏，放中国皮影戏。这种生活虽辛苦和有趣，但并不完全开心。他的偏头痛使他疼得直哼哼，咒骂刮风下雨，房子里还常有蜘蛛入侵捣乱。他对弗朗索瓦·塔萨尔说："今天晚上，我难以入睡。各个房间的床都试过，房间里都有蜘蛛。对这些小东西我极厌恶。我也不知道为什么，但我实在讨厌它们。"

---

① 1889 年 7 月的信。

这些蜘蛛对他来说犹如一种更为恐怖的显形:精神病的具体表现。他在昂蒂布的兄弟正受着这种威胁,而他自己,有时也不信自己的理智。他得到了关于埃尔维的消息,更加担心起来,显然,他弟弟住院治疗是势在必行。8 月初,他在给父亲的信中说:"我们现在碰到一种可怕的精神病发作,马上得将埃尔维送到里昂附近的布隆精神病院,我小说的钱已寄去以治埃尔维的病和我母亲的病……埃尔维治疗和住院的钱我会完全支付,我得保证我母亲能活下去……还不能让年轻的女人和他的孩子①饿肚子。我得玩命地干,这是真的,我也不愿放弃我应得到的享受,我也不愿看到我该得的钱跑了。"

毋庸置疑,莫泊桑靠版税挣了很多钱(每年约 12 万法郎②),但他有很多负担。不仅要维持洛拉、埃尔维一家,还要负担约瑟芬·利兹尔曼,但租别墅、雇临时工、组织旅行、维修船只、付船工工资等开支还没有计算在内。埃尔维住精神病院的住院费到底要多少?他带埃尔维到蒙彼利埃精神病院后,他改变主意并向父亲询问更舒适的在塞纳-瓦兹的维尔-埃弗拉精神病院,信中写道:"接到信后,你能乘车去维尔-埃弗拉一趟吗? 你将布朗什大夫的信交给这家精神病院院长,告诉他我打算在星期三上午带弟弟来院。布朗什大夫告诉我二等病房每月费用是 250 法郎,告诉院长最好是二等病房,弟弟、弟媳妇和他们的女儿还得全由我负担,明天打电报告诉我:委

---

① 指埃尔维的妻子和女儿西蒙娜。
② 相当于目前 200 万法郎。这种款项当时是免税的。

托之事已办妥,原谅我不能写得更多。星期三我在巴黎。昨天我已带埃尔维到蒙彼利埃精神病院,那里都是些肮脏的和可怕的疯子,我明天将动身离开这里。"①

最后,居易为他的弟弟选择了布龙精神病院。几个医生向他保证,住院病人都将得到很好治疗。但是,如何使病人离开他那个小窝?埃尔维现在和母亲一起住在戛纳。有一天晚上,埃尔维急性发病,盛怒之下要掐死他的妻子。不能再犹豫了。这是居易而不是洛拉决定,由他负责将疯子弄到精神病医院。他与弟弟在里昂会面,借口是为他找一处舒服的别墅以便休息。埃尔维接受了,对这次旅行很高兴。居易在站台上等他。他们一起吃饭。吃饭时,埃尔维很高兴,无忧无虑,以至居易对已采取的决定感到遗憾。然而,他领着这个可怜的弟弟到精神病院时,要埃尔维相信这就是人们跟他谈起过的房子。在诊疗所,他俩受到医生客客气气和彬彬有礼的接待。埃尔维深信不疑。医生对他说:"到窗户这边来看,这儿风景是多么美啊!"埃尔维很听话,朝前走了几步欣赏起风景来,这时,站在他身后的医生示意居易轻轻地走出房门。居易只好违心地服从。突然,埃尔维转过身来,看见他哥哥走了,明白了一切,想跟哥哥走。但已经来不及了。两位强壮的护理人员突然出现并拦腰抱住他。他拼命挣扎,并向房门奔去,向居易怒吼。居易惊恐万状,刚跨出门槛就听到埃尔维叫道:"居易,你这个坏蛋,你要把我关在这里!你听着,

---

① 1889 年 7 月至 8 月间的信件。莫里斯·德吕翁收集。

你才是疯子！你是我们家的疯子！"

当居易回到里昂的旅馆时，这惨叫声也追着他，就像是咒语一般。当他关好房门，觉得良心上受到责备，需要放松一下，于是给波托卡伯爵夫人写了一封信，信中说："他把我的心都撕裂了，我从来也没有这样难受过。当我要离开那儿时，他们不让他陪我到车站，他那种难过的样子，我也不禁掉泪。上帝不饶他，要杀了他，看着这个死囚，他已无法走出这个门，见不到妈妈了……他感到一种不可挽回的事将要发生，感到很恐怖，但不知道为什么……啊！可怜的人，可怜的生灵，多糟糕，多么可怕的造物啊！如果我相信你们宗教的上帝，那我对他可罪孽深重……如果我的弟弟死在母亲前面，我一想到她的痛苦，我肯定也会发疯的。啊，可怜的女人，自从结婚后，她受了多少难以计数的磨难和折腾！"

刚经历的噩梦，使他觉得与这位夫人的友谊更为珍贵。由于与弟弟的痛苦分别受了折磨，他从地狱般的精神病院又到了埃马纽埃拉·波托卡夫人的客厅，在写给她的信中说，送她一把旧扇子，背面写了两段四行诗：

在这扇凉风的扇面上，
我写上几行文字，
它不是散文，也不是诗行，
而是写上我的名字。

扇子能扇起凉风，

它能凉快您的面孔，

您眼睛看见的是扇子，

但愿您想的是我。

　　不管是莫泊桑为他弟弟命运悲叹也好，也不管是写几行无聊诗句向某位太太献殷勤也好，他还是忘不了写作中的人物。生和死在他头脑中各占一半。两者都渴望人间的欢乐和被冥间的奥秘所萦绕，他跌跌撞撞地奔向明天，只是明天的前景使他感到恐惧。

　　8月11日，把埃尔维送进精神病医院后，莫泊桑回到埃特尔达。一星期后，他强忍着悲痛，邀朋友搞了一次滑稽可笑的聚会。1889年8月18日，绝大部分宾客是乘坐一艘名为"叭喇狗"号的大游艇来的。其余的人是乘车从迪耶普、费康和其他城堡来的。他们来到"居易特"，就像是来赶集。院子里挂着彩旗、纸花环和彩色灯笼。穿着蓝衫的乐师坐在圆桶上，不停地演奏玛祖卡舞曲、华尔兹舞曲、波尔卡舞曲和瓜德利尔舞曲。居易带着埃尔米纳·勒孔特·杜努伊疯狂地跳华尔兹舞。她不安地注视着他。在她看来他高兴得有点不正常：眼睛闪闪发光，有点像喝醉酒的样子。接着跳法兰多拉舞。居易左手拉着一位女士，右手也拉着一位女士。他像是又成为20岁的小伙子。有时，某位跳舞的女士掉了鞋子，弄得哄堂大笑。接着大家在水塘上做跷跷板游戏，那些笨手笨脚的人掉到水里。有一位穿着摩尔人服装的巴黎女子，拿着牌给人算命。另一位女子正准备冷餐。在跳舞的人群中,散发着蛋白松糕、蜂窝饼和化妆品的气味。男男女女在欢乐中狂舞痛饮。有奖活动更增添节日气氛。中奖者拿的奖品是兔子和活鸡。最令人吃惊的是主人高声宣布,演出《蒙马特尔的罪恶》。200位来宾被请到一条小路上,站在马里于斯·米歇尔绘制的油画前。画布很大,很逼真,上面有一个裸体女人被捆着双脚倒挂着。有一位警察从昏暗中出来,走到尸体面前,仔细看一看、摸一摸,用力拉了一下头发,发辫是真的,在好奇心驱使下,他用刀把尸体肚子打开来。这把刀就是莫泊桑经常使用的尖刀。他看到女士们一副惊恐的面孔觉得很痛快。血很快从伤口里流了出来,那是兔子的血。当一些女士纷纷掩目时,莫泊桑大声叫喊道:"太好了! 太好了!"这时,有几个假扮的宪兵向凶手扑了过去,把他抓起来关进一间挂有"监狱"牌子的窝棚里。但是这个囚犯放火烧掉了囚笼,从大火中遁逃。这个人就是奥尔拉,终于从火坑里跳出来。埃特尔达的救火队员救火并扑灭了火。罪犯和裸体女人站在喷射的水柱中。接着,水泵还在喷水,他们用喷嘴对着那些张口大笑的正在奔逃的来宾。

这个闹剧是复述《玫瑰之叶》中的情节,是莫泊桑从最近的逸闻中取材的:一个警察在蒙马特尔将一个女人剖腹。在这些有教养的人中,为什么不该以此类闹剧取笑呢?

演完这出杀人闹剧以后,他的亲朋好友都到埃尔米纳·勒孔特·杜努伊的"小屋"去吃饭了。其中有作曲家马斯内。应女士们的要求,他弹起了钢琴。他的手指轻轻触着琴键,弹出了一曲委婉动人的思乡曲。居易听到轻松自如的节奏,大为震惊。刚才还是那么粗俗的欢乐,现在却是如此纯情的音乐！这本身不就是人生的变奏曲吗？这一切,莫泊桑更觉得他该邀请朋友们到"居易特"来寻欢作乐。过去,他与那些舞文弄墨的朋友在一起,欢乐总是那么坦诚,那么自然,那么纯情。他也许已经到了不适合开这种玩笑的年龄了？突然,他觉得很失望。他又想起了弟弟埃尔维:神色惊恐,精神崩溃,眼睛闪烁着疯子的怒火。当埃尔维推测这个圈套时,既是愤怒又在苦苦哀求！莫泊桑觉得他再也不能待在"居易特"了。但拯救他的地方在哪里？

在这次狂欢后的第二天,他准备到南方去。当弗朗索瓦·塔萨尔和其他用人被叫来清理房间,摘下灯笼,收集过道里油腻的碎纸时,他已整理完行装,准备过新的生活。8月21日,他到达里昂,并陪伴波托卡伯爵夫人共进午餐,她即将赴意大利。第二天,他到精神病院看望埃尔维,他扑到这个已失去理智的、已认不出人、形如幽灵的可怜人身上,他为这种恐怖现状而战栗,预感会发生不幸,快快地乘火车去戛纳。

能否找到一个比划船更好的摆脱烦恼的脱身之计？"漂亮朋友2"号光彩夺目,桅杆高耸,神气活现地在等待着他。他们立即动身赴意大利:热那亚、波多菲诺、圣玛格丽塔……他在各港口停泊,力图忘记法国。他逃避疯了的兄弟、患病的母亲、自己的幻觉、怕死的恐惧,他自己也是在避难。但是,他待在狭小的船舱里就像待在修道院里。隔着舱板,雷蒙在打鼾,使他难以入睡。到圣玛格丽塔,他觉得受够了,租了一间带家具的套间,以恢复海上的不舒服生活。9月初,他到了突尼斯。

一到突尼斯,他就跑到妓院去。然后,在心情感到宽慰后,就在妓院集中地区闲逛,突然,他到了精神病院大门口。他不知怎么一下子就从罪恶的妓院到了收容疯子的医院。他情不自禁地走了进去,混在疯子中间。一个当地老人见到他时大笑不止,身体摇来晃去,像狗熊似的吼叫:"疯子,疯子,我们都是疯子! 我,你,看守,贝伊①,全都是疯子!"莫泊桑惊恐万状,夺门而出。即使在这块充满阳光的土地上,埃尔维还在追踪着他。待在非洲又有什么用处? 这里也不是休养的乐土。

他们又离开突尼斯,回到了意大利。莫泊桑游览了比萨,到了当年拜伦叫人焚烧雪莱遗体的场所,并鞠躬致意。他与弗朗索瓦·塔萨尔谈起会见另一个英国诗人斯温伯恩的事,后来又到了佛罗伦萨,在那里,他欣赏了有性感魅力的艺术品。尽管城市风景优美,博物馆林立,他突然感到不适,无法继续旅行。他说他嗓子疼,内脏出血。偏头痛复发并病情恶化。他眼病也犯了,他已无法工作。他非常明智地不再坐船回法国,船员将船送回系船的港口。他于10月3日乘火车到戛纳。他母亲见到他时,将他抱在怀里,老泪纵横。他是如此疲惫不堪、心神不定,好像是个梦游者。这个儿子是否也要离开她到诊疗所去养病? 莫泊桑在给乔治·达朗贝里医生的信中

---

① 贝伊是奥斯曼帝国官员的尊称。——译者

说："在佛罗伦萨,我内脏出血,连续六天发烧39摄氏度。我要马上回戛纳。这时,在腹部鼓起一个大包,老不愈合。我一迈步,就疼痛难当。"①

　　尽管自己健康恶化,但他还是到布龙精神病院看望他的弟弟。他发现弟弟脉息尚存,但已难以治愈。在回戛纳时,他心想这可能是他们最后一次见面。他在给露西·勒·普瓦特万的信中写道:"我觉得埃尔维完全疯了,毫无理智,毫无治愈希望。我在布龙精神病院的两小时太可怕了,埃尔维还能认出我来,他流着泪,拥抱我多次,他胡言乱语,说想离开此地。母亲在他身边,沉默无言,您看,这事已不行了。"②十多天以后,他害怕的使他心碎的消息终于来了:1889年11月13日,在经过可怕的垂死挣扎后,埃尔维在精神病院里死了。他只活了33岁。他的妻子和女儿没有收入来源,都得靠居易养活。他不能生病,这么多人得靠他,他委托他的代理人雅各布先生,写一张监护书,保证年幼的西蒙娜的生活。

　　第二年,他来到布龙精神病院墓地瞻仰埃尔维的坟墓。弗朗索瓦·塔萨尔陪伴着他,发现莫泊桑心情十分不安。当居易发现黑色墓碑上写着"埃尔维·德·莫泊桑"时,困惑不安。莫泊桑这个名字……是不是在这块石板下埋的是他自己? 他假装很潇洒,对随身仆人说:"这个坟不错,是圆的,下雨时水就流走了。"突然,他神经很紧张,喃喃低语:"我看见埃尔维死了。他在等着我,他死了也不

---

① 1889年11月的信。
② 1889年10月末的信。

能没有我。童年时,他在院子里叫我'我的居易,我的居易',声音像叫'维尔居伊'一样……弗朗索瓦,他在吻我的手呢!"他号啕大哭。随身仆人安慰他。他们一起慢慢地离开这里,走向城市,走向生活。

第十五章　生活的另一侧面

　　1889 年初冬,莫泊桑回到巴黎,突然决定搬家。他与房东、蒙夏南街 10 号的房产主、他的表兄弟路易·勒·普瓦特万关系不甚和睦。他们之间是年轻时代的伙伴,亲密无间,但取暖问题却把他们之间的关系搞僵了。莫泊桑总是怕别人欺骗他,所以在给这位亲戚的信中很生硬地写了这样的话:"对于我不在巴黎期间供暖仍要付费问题,我觉得有点奇怪,在已订的协议和口头协议中早已确定,我想不该把它改了……我不能接受你对我提出的办法,我还记得,如果不是我进行了积极干预,在我祖父遗产问题上你采取的行为方式,我父母早就可能跟你断绝关系。"尽管祖父朱尔继承遗产的事是早在 14 年前的事,但居易仍念念不忘。这一回,他决定先发制人,他还写道:"关于这次取暖问题,我不愿再做解释,问题本来是不存在的,我将有关文件交给我的委托人雅各布先生……为这件事,我可以起诉……此外,你从没有给过我用人什么小费之类,这是你妻子和你答应过的,而我给你所有女佣每月 10 法郎,哪怕是我不在时为你们开门也得付一些。"①

由于与房东关系搞僵了,莫泊桑在巴黎找了新住所。他在维克多·雨果大街 14 号找了一套房子,他看来是可以接受的,中二楼五间一套房子。但一住下来,他就有点泄气。房东原来对他说,住户都是有钱的市民,房子很安静。然而,楼下住的面包商,白天黑夜都干活儿,吵得他没法睡觉也无法写作。此外,面粉招蟑螂,莫泊桑见到这些密密麻麻、贼头贼脑的小虫子心里就发怵。他实在受不了,于是租了一套带家具的房子,并通知他的委托人——忠诚的雅各布先生,这位法律代理人总是为这位不屈不挠的客户的利益效劳的。然后,在一位部里任职的官员的建议下,他请了一位巴黎市政府的建筑专家到家里测噪声以证明此屋不可居住。为了不引起看门人的怀疑,这天晚上他举行了一次盛大的晚宴。弗朗索瓦·塔萨尔在餐桌边服务时,竖起耳朵听来宾们说话。其中有一位是医生,说灵魂是不存在的,大家可发表意见,畅所欲言。在大家的鼓掌声中,莫泊桑高声发表讲话:"如果我病入膏肓,在座诸位就给我请个神父,我会接待他。"他周围的人,个个惊得目瞪口呆。别人认为他是不可知论者,是反教权的……他保持沉默,并摘了几瓣玫瑰花瓣。那位专家做了验证之后,悄悄溜走了。第二天,居易对随身仆人说:"总之,在我临终的时候,我如果能接受教士的祈祷,我也是很乐意的,

① 1889 年的信。

我想,那时我将是很自在的!在这个问题上,我从来也没有改变看法,但我不愿接受那种命令,即强迫我和别人有同样的想法。"

在死亡这样一个严重的问题上,他觉得有必要表明自己的独立观点。尽管他厌恶教会,也不愿让自己的行为让传统的说教者所左右。可能埃尔维的发疯和死亡使他对冥国的神秘有所接近。他有时自忖,不信宗教的箴言,那些宗教上的光明异端派有没有理由反对学者们的理论?

莫泊桑在寻找这个难以回答的问题时,还致力于抨击烦恼的责任者,他在写给二房东诺尔曼先生的信中说:"我认为我已完全不可能住在您租给我的房子里面,无论如何,我应该根据医生的嘱咐立刻离开那里,到南方治疗失眠,那是住在我楼下的面包师夜晚工作造成的严重症状。我的两个房间下面正好是面包师的工作间,吵闹声和制作的噪声就像是毗邻炉子一样。我是被骗了……从南方回来,我还得再次经受这种吵闹声,我不愿白花 6000 法郎租赁费和付门帘、窗帘等费用。如果做不到这点,我要求取消契约,并写一张字据给我。如果房东拒绝这样做,那我就诉之法庭,要求赔偿损失,包括维修、无法工作,以及由此引起需要休息调养费用。这都是因为你当时声明的条件不对,您说我住的房子夜间安静,这是您向我许诺的。"①

1890 年,解除契约的要求房东同意了,并对莫泊桑有利。不等事

---

① 1890 年 1 月的信。

情有结果,他就奔赴戛纳,租赁了"玛丽·路易丝"公寓。阳光和清新的空气又给了他写作的力量。他不遗余力地修改他的长篇小说《我们的心》,同时编写中篇小说《橄榄树的田野》。由于奇特的巧合,这篇小说的主人公是个教士,这个教士可能并不厌恶在临终时刻的佑护。但是,维尔布瓦修道院长面对的是这样一种启示,即他对上帝的信仰是动摇的,要将这么个无赖当作上帝的儿子,他感到憎恨和内疚。莫泊桑写道:"他以上帝的名义,在告解座上神秘的低语,宽恕卑贱的内心秘密,以他自己的名义,他感到既无怜悯又无宽容,现在要求助于济世的大慈大悲的上帝。"修道院长受到一个到他住所找他的醉鬼(修道院长的私生子。编者注)的敲诈威胁。他对醉鬼也寸步不让,两人发生激烈冲突。不久,人们发现这位教士倒在血泊中,被割断了喉咙。这时,那个儿子,已经醒酒,并被逮捕了。但是,疑问仍然存在,这位维尔布瓦院长是否因为逃脱使他感到恐怖的责任而自杀的? 在几页之中,作者集中了他一切能利用的和珍贵的材料,书中其他的情节是:女子的忘恩负义,私生子的出现,命运,自杀,宗教……作者有一次拜访泰纳,给他念《橄榄树的田野》,这位老作家大声说:"这是埃斯库罗斯[1]式的!"但是,莫泊桑已接上另一篇小说《无用的美貌》。他将这两篇小说收在一个集子里并在哈佛的书店里出版。他在给出版商的信中说:"至于您出版的集子,《无用的美貌》比《橄榄树的田野》价值高出百倍,后者只不过取悦市民的情绪而已,但是市民只有神经而

---

① 埃斯库罗斯(Aeshylos,约前 525—前 456),古希腊悲剧作家。——译者

没有判断能力。而《无用的美貌》则是我写作的作品中的稀有作品。这只是一种象征性的作品。"①尽管这部作品风格矫揉造作和富有抒情诗意,并夸大其词,但读者还是为莫泊桑在书中所发挥对母爱的反感产生强烈印象。

莫泊桑写道:"看来,阴险和厚颜无耻的造物主使人类与女人的交往永远不能成为神圣、美好和富于理想的事情。此外,更令人恼怒的是:你知道我是怎样构想上帝的,这是我们所不熟悉可怕的造物器官,他通过千千万万的人播下种子,就像是一条鱼在大海中下卵。生养是他的职能,他不知道他干的是什么事,这种事就是胡乱地生养,用分散的苗子生产出各种各样的生灵。"

莫泊桑的这种思想是受叔本华的启示,他要和这个世界算账。但是在实际上,对这种不会生育,曾经是患病的,总是不受约束的,纯粹是享受、爱慕、温存的,最后有容光焕发"无用的美貌"的妇女的歌颂,只是少年时代由于在社会上找不到位置时反抗社会的反响。现在他已经40岁了,这个不知羞耻的浪荡公子有时还梦想精神上的爱。他吹嘘他的风流韵事,他以青年时期的幻想培植多愁善感的花朵。世界上唯一与他共享生活幸福的女人就是他的母亲。她对不能与儿子较长期待在一起感到负疚。莫泊桑对夫妇之间的私情,是从外界观察中得知的。尽管岁月流逝,幽会频繁,他并不像个成年人。他深知这种状态并以此为骄傲,他在写给热纳维雅

---

① 1890 年 3 月 17 日的信。

莫泊桑传

芙·斯特劳斯的信中说："您还想我吗？去年在巴黎，有一个人……有点沉闷，有点固执，像步兵上尉，有时还发脾气。这不过是个贩卖散文的商人，到秋天时就消失了，他干什么，大家都不太知道。"①在准备出版总题目为《无用的美貌》的小说集和新长篇小说《我们的心》时，这位"散文商"准备再次搬家。他在博卡多街 24 号租了一套房子，并立即签约。他在给母亲的信中说："我的新房子很漂亮，只有一个缺点：卫生间太小而且不舒服。但是，我要把我用作卫生间的漂亮房子给弗朗索瓦当卧室，以便晚上离我近些，因为别人嘱咐我在晚上睡不着觉和做噩梦时，在脊梁骨上拔火罐。这么做会舒服一会儿。如果减轻痛苦，第二天还可再做。事实上，我还患诺曼底风湿症，它使我身体各种功能都瘫痪了，我眼睛的机能也随着胃和内脏的状态日益严重。"

这些病症使医生们束手无策，唯一的办法就是到普龙比耶尔去治疗。莫泊桑听从这个医嘱。但是他要回巴黎销售《我们的心》。他在同一封信中写道："我的小说刊登在《两个世界杂志》上获得成功。它以题材新颖著称，而我预测会更好……处于我这种境地的人们如不生活在巴黎就会失去一切，因为这一切都是靠不断努力取得，稍有怠慢，就会前功尽弃。"②就是这个作家神气十足地向朱尔·克拉尔蒂宣称："我永不结婚。我也永不接受勋章。我也不会接受成为法兰西学院院士候选人。我永远不再为《两个世界杂志》

---

① 1889 年的信。
② 1890 年 5 月 20 日的信。

写文章。"不久前《两个世界杂志》被看作是法兰西学院的蹩脚的读物，而现在莫泊桑已不怎么厌恶。从目录来看，它能取得有身份的读者的喜爱。这位描写诺曼底农民的了不起的作家已成为沙龙的心理分析家。他解剖有闲的、没落的社会阶层人士的灵魂。

《我们的心》的主人公安德烈·马里奥勒是一位37岁的单身男子，甚至有点粗野，他完全被漂亮的寡妇米谢勒·德·比尔纳所迷，而这位寡妇追求者如云。这位轻浮的女人的唯一爱好就是接受男人们的赠品，用温情和残忍手段允诺和拒绝求爱者。这是一个彻头彻尾的狐狸精，当代的西尔赛①。安德烈·马里奥勒知道这位妖精最终会毁了他，他逃之夭夭，并设法把她遗忘，投入到了他的诱人的年轻女佣伊丽莎白的怀抱。他想："当取悦于男人时，所有的女人都一样。我把女佣当成我的情妇。这是一个小美妞，她会温存体贴的。总之，她比那些社交界女子和轻佻女人更年轻更纯真。"但是，米谢勒·德·比尔纳是个很要面子的人，对背弃她的男人是不能容忍的。她请他到巴黎，回到她的身边。马里奥勒服从了，并带着小伊丽莎白一起来到巴黎，小伊丽莎白非常清楚，是比尔纳丢弃的他，但她还是抱着一丝幻想，这种幻想是脆弱的。莫泊桑不愿做更明确的结论。如果这样做，这不是正好说明了莫泊桑最近给热纳维雅芙·施特劳斯的信中说一个有才智的人不可能会钟情于出身低微的情人吗？

---

① 古希腊史诗《奥德赛》中的女巫。——译者

《我们的心》是一部描写世俗情感、浮夸的、神态拘谨的作品，自它登载在《两个世界杂志》上，立刻引起巴黎全城人的好奇。人们热衷于寻找米谢勒·德·比尔纳这个迷了许多男人心窍的女人原型是什么人。有些人，如雅克-埃米尔·布朗什认为，这个女人有点像埃马纽埃拉·波托卡，是个冷面美人，"死人宴会"的"女主人"和荒诞无稽的女王。另一些人却很有把握地说，莫泊桑在写作构思女主人公时想到的就是玛丽·康。有人说她最近与保尔·布尔热关系已破裂，委身于居易，由于她对爱情的执着追求使居易拜倒在石榴裙下。而埃尔米纳·勒孔特·杜努伊说，她从米谢勒·德·比尔纳这个人物中认出了自己。他的书《爱的友情》是《我们的心》的强烈的回声。此外，她的外表与莫泊桑为主人公所描绘的"身材苗条，皮肤细腻，金黄头发，风度优雅"相似。而爱德蒙·德·龚古尔在他的《日记》中，解开了其中奥秘："莫泊桑在《我们的心》中描绘的比尔纳夫人是巴黎上流社会妇女形象，给他提供的模特儿是施特劳斯夫人，当她第二次结婚前，莫泊桑想得到她，在这以后，他继续与之调情……她很喜欢这本书，这就是他所描绘的女人对书的赞扬：'是的，莫泊桑从来没有写过这么好的书'，她拼命向每个人重复这句话。"爱德蒙·德·龚古尔还引证了他听到的一次热纳维雅芙·施特劳斯和西谢尔夫人的对话。西谢尔夫人指责《我们的心》的女主人公是一个玩弄阴谋的冷酷女人，热纳维雅芙·施特劳斯叹道："许多女人都这样！"她带着强硬口气添了一句："男人就配这样对待！"然而在她周围，有人批评她为在书中描写了她而感到沾沾自喜。阿莱维夫人在沙龙的大庭广众面前嚷嚷："如果我处在热纳维雅芙地位,我就得发火了,跟他干了!"爱德蒙·德·龚古尔最后说:"是的,热纳维雅芙是一位卖弄风骚的女人,铁石心肠,不懂得温存体贴,也不明事理,这一点与比尔纳一样,在围着她转的男朋友中间确实是这么个角色。"①

莫泊桑对这种种估计猜测乐不可支,拒绝明确答复米谢勒·比尔纳这个害人精的真正身份。毫无疑问,他是汇集了他生活中碰到过的种种女人的特点,她们的温存、她们的刻毒于这个人物上。如埃玛纽埃拉·波托卡,热纳维雅芙·施特劳斯,玛丽·康,埃尔米纳·勒孔特·杜努伊,以及其他一些亲近的女人,所有那些诱惑过他又拒绝过他的女人都表现在这个象征性的人物身上。在他看来,这个人物代表女性永恒的诡计。女性的吸引力如同深渊,女人又将被她搞得晕头转向的男人抛入深渊。

许多女读者对作者给予女性的几乎是超人的能力赞叹不已。莫泊桑对这一点也有充分估计。出版这本小说的《两个世界杂志》,在巴黎上流社会的市场上获得了令人羡慕的成功。这位野性十足、身体结实粗壮的作家,由于事业上日益辉煌,在情场上也赶走了保尔·布尔热。但是,让小说在杂志上发表是否犯了一个商业性错误?他将这种不安心情告诉了母亲:"在杂志上登载小说在销售上是犯了错误。巴黎的大书商告诉我,我的忠实读者中,有十分之

---

① 龚古尔:1890 年 7 月 5 日《日记》。

六的人已在杂志上读过这本小说,都不买这本书。另外,还有这么一个麻烦:在《两个世界杂志》出版时,谣言四起。当书出来后,人们闭口不谈了。尽管这样,书的销路还不错,虽然比较迟缓,我想这本书也会达到《如死一般强》的销售32 000册的数目。然而,在杂志上出版《我们的心》,这对我也是件大好事,杂志的广大读者认识了我,以后也会买我的书。我争取了这本杂志的读者。"①几天以后,他又回到萦绕在脑海中的物质利益问题。他又给母亲写信:"尽管这本书获得很大成功,但销路不行。这是因为《两个世界杂志》夺走了巴黎、外省、官方人物、教授和法官等方面读者。这样一来,据奥兰多夫和书店经纪人的看法,至少有25 000至30 000个买主。不过有利的是这一来在其他阶层中拥有了读者。但终究是个损失。"②

在书的销售方面的作者版税实际损失由《两个世界杂志》给予了补偿。他想,不管怎么说,他获得了成功,这是一桩既有经济又有艺术的好买卖。此外,杂志也从没有这么红火过。记者们在这本小说里看到了当代爱情习俗的研究,并有非常尖锐的心理方面的描写。保尔·吉尼斯蒂在《吉尔·布拉斯报》赞扬作品情节发展难以捉摸。安德烈·阿莱在《辩论报》著文,说两位主人公的人性的真谛令人倾倒。《蓝色杂志》则认为:"在《我们的心》中所展现的,是莫泊桑从没有显露过的伟大作家的才能。"而在上层资产阶级中,所

---

① 1890 年 7 月的信。
② 1890 年 8 月 5 日的信。

有的人都对此书挑三剔四,因为作者在书中曾毫不留情地提到了"不可交的"人物,这些人为他编织了花环,因为他最后为他们讲了好话。他成为这些上层资产阶级的人物。他们毫不知羞耻地在书房里接待他。甚至连阿纳托尔·法朗士也同意这种可以接受的转变,并在《时代》杂志上撰文:"莫泊桑先生有敏锐的眼光,文字简洁明了,他在 1890 年写的新小说中向我们描写了一对男女,向我们描绘了爱情、上古时的爱情,这种上帝的新生儿以现代面貌呈现其化身……他才华出众,笔力刚劲清新,写文章就该这样说,这样做。"

这个辉煌的成就使莫泊桑飘飘然,他把成功首先归于对女人的深刻了解。当他回忆过去,就想到风月场里的艳遇。他总偏爱金发女郎,他书中的女主人公大多是金色头发的美人。然而,他回想起一位棕发女郎,他在一次舞会后把她带回家,她在他房里待几天,直到他对弗朗索瓦·塔萨尔说:"我不要她啦,请她滚吧!"还有一位看不起的年轻夫人,没有在家里找到他,只留下一封信,上面只写了两个字:"猪猡!"而这个追寻他的女子,手里握着手枪。还有一位他从汉普郡搞来的弗拉芒女子胸脯十分美。此外,农庄姑娘、饭馆侍女、半推半就的寡妇、欲壑难填的太太们、阿拉伯妇女、黑人妇女、妓院的妓女、成年的女市民……他占有过这么一大帮光着大腿的尤物,现在还加上带着珠光宝气的上流社会太太,他虽未沾她们的玉体,却征服了她们的心。《我们的心》是献给她们的礼物。人们谈论这本小说越热火,就越想找其关键人物,而莫泊桑却从常情上考虑,更多地接近蒙索平原和圣日耳曼村庄里的美妞。

然而,当莫泊桑把自己和他的朋友写在这本书里,他怕的是泄露自己的私生活内情。书商唯一的想法是准备公开他的相片,这使他勃然大怒。当他知道在夏庞蒂埃的要求下,雕刻家迪穆兰在事先没有得到通知的情况下,为《梅当之夜》再版制作照片,莫泊桑二话不说,给委托代理人雅各布写了一封信:"像所有我的照片一样,要禁止出售我的照片,迪穆兰先生只有在借到朋友相册情况下才能得到校样。我已去过出版商夏庞蒂埃那里……我提出强烈抗议,如果不在正在寄出的书中取消我的照片,那我就要诉诸法律……谁有权利展示和出售某人的相片,而且瞒着本人和在本人不情愿的状态下,问题就在这里。"①同时,他对倒霉的夏庞蒂埃大发其火:"对来自《世界画报》的纳达尔、哈佛、保尔·马尔桑等先生,我也拒绝用我的照片。我拒绝的已超过 10 家报纸,以及《画报》等。希望您能提供《梅当之夜》新版的精确数字以便我可以比较一下现存的带照片版本以及已毁的带照片版本。要将那些带有铜版画的书从书店里取走。这样处理以后,这些样书将由您与放在书店里的书交换。然后,您也用同样方式处理这些书。这些铜版画书可交给我,也可交给住蒙特马尔特区 4 号的雅各布先生,直至监督完成此项工作。如果您不接受这一办法,那我今天就去告您。"雕塑家迪穆兰先生本人也受到指责,他的做法是"难以理解和卑劣的",并被警告人们将要"用法律手段"来对付他。看来,所有艺术家都得到了这句话:现

---

① 1890 年 5 月 30 日的信。

在有一位画家名叫亨利·图圣写信给莫泊桑,请求给他画像。莫泊桑也照样画葫芦地回答:"我很遗憾,我不能同意您的要求,我已经拒绝过多次了。长期以来,我不允许出版我的照片,也不允许公布我的传记资料,我认为一个人的私生活和他的形象并不属于公众。"①

让自己雕像给公众欣赏,莫泊桑为什么如此厌恶?是暗地里惧怕出现双重人格,分裂他的形象;还是因为《狂人日记》获得成功,而书中有自己的特征,难道让这些在大庭广众中张扬?不久,他感到厌倦,改变了主意,去听听他的律师埃米尔·施特劳斯的意见。他建议莫泊桑采取克制态度,他在信中说:"您想怎么干就怎么干吧!如果您认为这种事情有点蹊跷,那就算了,这种事是挺烦人的。"

几个月后,莫泊桑一反常态,允许费利克斯·纳达尔出售他的照片,以前他曾拒绝这样做。他在信中说:"我允许您向公众出售我的照片。我收到很多人来信要求得到我的照片,他们在市场上找不到,这会叫人失望。以后,如果我叫别人而不是您去做,这就不妥了,我不答应别人而答应您有这种专有出版权。"②他是否还记得要对夏庞蒂埃打官司的事?他这种颠三倒四的做法使所有的朋友受到打击。但他还固执己见:作家的隐私不可侵犯。尽管他热衷于做广告和参加上流社会聚会,他认为这些内情得保密。在行为上招摇

---

① 1890 年 3 月 17 日的信。
② 1891 年 2 月 21 日的信。

莫泊桑传

过市,而要求旁人不张扬,这种矛盾做法他也不觉得有什么难为情。在照片事件发生后不久,他给一位陌生女人的信中解释说:"我不知道身体外表上有羞耻一说,但在内心我有一种无比害臊的感觉,有的人胡乱猜疑,使我很恼火。因此,我得保护自己名声,以免让关心我生活秘密的后辈乱猜疑,也别让我内心的秘密公之于众,透露出去让人说三道四,这会使我担心并恼火。当我想到谈论起'她'和'我'时,男人猜疑,女人评论,记者辩论,其他人怀疑,这么搞,就像扒下我的裤子,脱得精光(用这个词虽俗,我倒觉得挺合适),我就恼怒万分,非常伤心。"①在给另一陌生女人的信中说:"我是个去皮人体模型,但我不说透它,也不显示它,但我相信我并不掩饰这点。人们会毫不怀疑地说,我是世上最冷酷无情的人。我是个怀疑论者,这是因为我目光敏锐,但这不是一码事。而我只是想:'老家伙,躲起来吧,你是个怪人,所以得躲藏……'"②在同一封信中,他还详细描述了日益加剧的身体上的痛苦:"头剧疼,无法思维。脑子里的伤痛使我连叫都叫不出来。"有一次,正当莫泊桑受疾病折磨和惶恐不安时,小仲马请他到马德莱娜广场迪朗家吃饭,还闪烁其词地问他是否可能参加竞选法兰西学院院士头衔。莫泊桑很是恼怒,辩解说:"我不会同意参加这种团体的,我的导师和好朋友福楼拜也不是它的成员。"

莫泊桑对巴黎人的闲话感到厌烦,并因为患偏头痛,到艾克斯

---

① 1891年2月21日的信。
② 1890年的信。

莱班去休养,后来又到普龙比埃、热拉德梅尔等地。他在热拉德梅尔与玛丽·康相聚了。珃日的景色、玛丽·康的风姿使他入迷并怡然自得。他爱绿色绵软的山坡,浓云密布的山脉,水平如镜的湖泊,水面上倒映着松树和山毛榉的树影。他在给母亲的信中说:"到处是水,水,流水潺潺,流水淙淙,小河流水,瀑布,它流过长满青草和苔藓的河床,由于地处高地,空气潮湿寒冷,淡淡地沁人心脾。"然而不久,风湿病使他浑身哆嗦,玛丽·康的笑容也不再能温暖他的肌肤。当一个人身体不舒服,谁还有心思向女人频献殷勤?

他希望在埃特尔达进行治疗,但"居易特"冷若冰窖。他坐在壁炉前,愁思万千。他在给母亲的信中写道:"我又犯偏头痛病了,全身疲劳无力,烦躁不安。当我写了几行字后,我竟不知写了什么,脑子空空如也!虽然这里已不刮风,但我还得生着炉子。"他浑身哆嗦,火冒三丈,他甚至想把这所倾注爱心的房子卖掉。在他年轻时,这座房子多么诱人,而今已成为负担。也许,与过去决裂,他会更加轻松和自由?

总之,他需要阳光治疗。他通知水手雷蒙和贝尔纳到戛纳,并在那里找他的游船。莫泊桑一看到"漂亮朋友 2"号就感到宽慰。这艘普通的游船,在他眼中,是戛纳游船中最漂亮的。在《漂泊的生活》一书中,他带着诗情画意谈到了这艘游船:"白色的船身系着极细的金线,就像天鹅身上系着细带,这个三角帆在空中飘扬,时飞时息。主桅杆耸立在比甲板高出 18 米的尖尖的顶桅上,在船尾,最后的后桅在沉睡。"他在船上度过时光,船只谨慎地航行,驶至他父亲居住的圣拉斐尔，他母亲和她的儿媳妇和孙女居住的尼斯，她们住在俯临天使湾的别墅里。洛拉愈来愈专横武断，埃尔维的遗孀玛丽－泰雷兹嫌待遇菲薄，婆媳之间暗存芥蒂，但莫泊桑却品尝天伦之乐，与温顺和笑眯眯的西蒙娜逗着玩，这种快乐是无与伦比的。这时他想起利兹尔曼的三个私生子，她一个人能否承担教育责任？但他并没有负疚感，因为他在经济上曾帮助过这个女人，现在已不欠她什么。

到了 9 月，太阳很快西斜，阳光日趋暗淡，他要到南方晒晒太阳。莫泊桑在弗朗索瓦·塔萨尔的陪伴下到马赛登上布拉冈斯公爵号远洋船到非洲（他带了 12 只大箱子，8 只手提箱，6 个麻袋，18件包裹）。但是，也许是年龄的关系，他受不了旅馆的脏、厨房的臭、人群的乱。过去，那种带着原始的风光，诸如阿拉伯骑术、阿拉伯舞女的肚脐舞，以及犹太婚礼等，如今已兴趣不大。是不是沙漠里的沙子吹进了眼睛？好像是胡椒粉吹进了眼皮。他在阿尔及尔、奥兰、特莱姆森待了些日子，身体疲劳，游览也毫无兴趣，只好打道回法国。

一回到法国，他就忙于鲁昂的福楼拜雕像开幕典礼，典礼预计在 1890 年 11 月 23 日星期天举行。他是纪念委员会秘书。为了纪念这位老人，仪式应该隆重热烈。莫泊桑把这个巨人的朋友们打退堂鼓意欲辞职的问题均已解决。爱德蒙·德·龚古尔在做了礼貌性推让后，同意在会上发言。左拉答应与会，但忘了规定，他问莫泊桑应该穿什么衣服，莫泊桑带着一副权威神气告诉他："着装问题，那是再简单不过的事,当然是穿礼服,但是按社交原则,在宴会上穿的礼服不应等同私人礼仪,这是在露天集会仪式。"①

这一天早晨天一亮,莫泊桑就和爱德蒙·德·龚古尔和埃米尔·左拉坐火车奔赴鲁昂。他对福楼拜的挽仪已感到有点厌倦、伤心和沮丧。在人生道路上,他本人已无所求,金钱和名望都不能满足他。他不知道有些同行在妒忌他的成就。在这种百般无奈情况下,他信赖若泽·玛丽亚·德·埃雷迪亚,写《战利品》诗篇的这位诗人说:"他对我详细地叙说了,他的忧郁、烦恼,日趋严重的疾病,记忆和视力减退,眼睛突然看不见,晚上,有时有一刻钟、半小时,甚至一小时看不见东西⋯⋯一会儿,视力恢复了,他急忙想恢复工作,但记忆又停顿了,——这个作家真是遭罪! ——找不到恰当字眼,他努力寻找,但是只好发脾气和失望。"在火车上,爱德蒙·德·龚古尔和若泽·玛丽亚·德·埃雷迪亚一样,也看到莫泊桑那种神情沮丧和茫然若失的样子,他写道:"今天早晨,莫泊桑的气色很不好,我很吃惊,他瘦骨嶙峋,脸色铁青,表情迟钝,好像是在戏院子里扮演什么角色,他眼睛直视,我看他是活不长了。"在到达鲁昂以前,他们沿着塞纳河前进,莫泊桑用手指了指笼罩着大雾的河流,喃喃地说:"那里是我划船的地方,每天早晨去,我本应该今天也到那里去。"

在市长家吃了一顿丰盛的早餐后,参加仪式的人们到达竖立着

---

① 1890 年的信。

由雕塑家沙皮制作的福楼拜像的博物院花园。爱德蒙·德·龚古尔说："这真是有点讽刺意义，这是很结实的浮雕，形象逼真，像是在井旁方便。"当地政府官员也纷纷参加仪式，还有为数颇多的新闻记者。当时狂风怒号，细雨蒙蒙。爱德蒙·德·龚古尔读着讲话稿，他所赞扬的人物，在他《日记》里却常讲他的坏话，他扯着嗓子叫嚷："可怜的伟大的福楼拜，现在他死了，有人说他是天才，应该记住他呀。但现在人们知道，在他生前，舆论界对他有才能这一点都有抵制。"他最后还说："左拉、都德、莫泊桑等，不也是我们朋友吗？他们并没有心怀恶意，而是反对干大蠢事。"①当听到他的名字时，莫泊桑直打哆嗦。他来时怀有一个幻想，希望福楼拜会呼唤他。对这种可笑的庆典，这个俗不可耐的放在油里煎熬的纪念碑和龚古尔扯着嗓门吼叫的演讲，福楼拜会觉得可笑。雨下得更大了。下午三点半，仪式结束，与会者打着雨伞纷纷散去。莫泊桑本来答应为委员会全体成员组织一次"午餐"大吃一顿，他也悄悄溜走了。龚古尔对这种冷遇很是恼火，只好"凑合着吃"晚餐，他的菜肴当然是鲁昂鸭。

莫泊桑一个人回到巴黎，他住在博卡多街24号，这所新住宅好像比以前的居所更冷。此外，他还偶尔地住在麦克马洪街租用的单身汉公寓房间。他蹲在火旁，牙齿咯咯作响，听着雨声滴答滴答。他害怕出门会客。一次去玛蒂尔德公主家赴宴时，他觉得脑子空空

---

① 　龚古尔：1890年11月23日《日记》。

如也,他告诉卡扎利斯医生,他已处于"失去记忆,欲言无语状态",他在给当时已和解的表兄弟路易·勒·普瓦特万的信中说:"医生走了。他禁止我从现在起,在较长时间内,晚上不要到街上乱窜。还是由于我的神经官能症需要更小心谨慎。他要我尽量不要烧慢火炉子……他说这会熏死人的……这一切实在太糟糕了。"①

然而,他还试图撰写新小说《三钟经》,并校订戏剧家雅克·诺尔曼根据他的小说《孩子》改编的戏剧《米瑟特》。这种修修补补的工作很烦人。但《体育》杂志社社长科宁正式提出:如果不经莫泊桑审阅和通过,此剧不得上演。因为,长期以来,莫泊桑也受舞台照明灯的吸引。他在新的试验里,有可能实现青年时代的壮志,虽然来得晚了一点。只是他的健康状况太差,阻止他一口气干完。他在写给母亲的信中这样说:"我的眼睛还是那样,我确信这是脑子太疲劳或者脑子神经性疲劳,因为我一旦工作半小时,眼睛就不行了,同时脑子也乱了,写作也很困难,手也不听使唤。我的医生——罗班院士对我说不碍事,他说:'这是功能紊乱,我看并不严重。'"②他请洛拉在尼斯找一所"向阳的小房子",到春天开始,他和弗朗索瓦·塔萨尔好搬到那里住。

剧本最后通过了,帕斯卡夫人和西索斯夫人担任主要角色。莫泊桑也很高兴地观看了排练。在空旷的大厅里,莫泊桑冷得缩成一团,躲在大衣里,欣赏职业演员读台词。他在给洛拉的信中说:"我

---

① 1891 年 1 月 7 日的信。
② 1891 年 2 月 22 日的信。

相信没有一出戏有这么好,演员演得很好。"①有时鼻窦流鼻涕,嗓子发痒,这是不是因为《米瑟特》第一次上演所带来的疾病发作?

这个戏的主题,还是私生子问题,莫泊桑萦绕在脑际的问题总是水、阳光和爱情。在与吉尔贝特·帕蒂普雷举行婚礼的晚上,让·玛蒂内尔接到他以前的情人、女裁缝米瑟特绝望的呼救,她快死了。她刚生了一个他的孩子。年轻人急忙来到这个不幸的女子枕边。她在悲怆的谵妄中咽了气。但吉尔贝特大发慈悲,没有扔掉孤儿,收留了她丈夫的非婚生子。这出戏情节复杂,气氛晦涩。这种台词听来是虚假的。但世俗的观众十分感动,女士们泪流满面。新闻报刊把莫泊桑捧上了天。莫泊桑写信给罗贝尔·潘雄说:"我倒成了成功的戏剧家了,实在是不敢当,因为我不相信写小说的作家怎么一下子竟发现了这种了不起但叫人猜不透的戏剧秘密了。"②

对莫泊桑来说,是否到了 40 岁就要开始新的生涯?他希望如此并已打算将小说《伊夫特》改编成戏剧。3 月底,别人建议将《米瑟特》拿到外省和国外演出。这时,他虚荣心膨胀,神气活现地指责《体育》杂志社社长维克多·科宁没有很好地为这出戏做广告。这次争执闹得沸沸扬扬。爱德蒙·德·龚古尔写道:"都德告诉我,尽管莫泊桑主动接近科宁表示和解,科宁对莫泊桑极为恼火,怒火久

① 1891 年 3 月的信。
② 1891 年 3 月的信。

久不能平息。莫泊桑此时是踌躇满志,信中口气很大,可能伤害了《体育》杂志社社长科宁。这次不和产生的原因是,莫泊桑要求由科宁付酬的关于该戏的转载文章中,应该包括有赞扬他天才的部分,不必对该戏多加赞扬,对该戏的赞扬就是对他的合作者(雅克·诺尔曼)的赞扬,而科宁关心的是该戏的成功,对莫泊桑的赞扬考虑不多。因而,科宁宣称,在这出戏里,确有一个诺曼底人充当莫泊桑的角色,莫泊桑等二校样来时,要单独核改,并将事先表明其新戏剧奠基者身份。"①

　　莫泊桑写作的第二个剧本,他准备在法兰西剧院上演。与他谈话的剧院董事朱尔·克拉尔蒂对此颇感兴趣。在谈判之初,莫泊桑说考虑到他的知名度,他拒绝通过剧院的阅读委员会。克拉尔蒂觉得此事难办,要莫泊桑审时度势,理智从事,并向他提及法国的一些大作家,诸如雨果、大仲马、巴尔扎克、乔治桑、缪塞等都经过这种方式获得声誉。莫泊桑眼冒金星、胡子倒竖,斩钉截铁地说:"我是把剧本给您的,是给您上演这个戏的,那您就看着办吧!"他趾高气扬地离开了办公室,弄得朱尔·克拉尔蒂目瞪口呆。几天以后,爱德蒙·德·龚古尔指出,这个莫泊桑公开诋毁都德最近发表的剧本《障碍物》,对这个爱吹牛皮的文学家,没有人不理解和宽容,他写道:"现在看来,莫泊桑的朋友们原谅了他的激烈抨击行为,他为疾病所缠。但是,他受疾病折磨已很久了! 过去他是个比较具有诺曼

---

① 　阿尔封斯·都德的四幕剧本,1890 年 12 月 17 日,该剧在《体育》杂志上发表。

底人那种虚伪的、不外露的人；而今天是张牙舞爪,丑态毕露;将来还得给他穿上紧身衣,约束约束他。"①

莫泊桑虽然为《米瑟特》一剧演出得到公众称赞,但他想离开巴黎。"沙尔科的高级医生"德热尔纳跟他说:"您是患了人们称之为神经衰弱症的病,这是用脑过度所致。搞文学的人和做买卖的人中一半都跟您一样。总之,您先是划船劳累过度,接着是用脑过度,您除了神经紊乱其他一切都好,您的体质不错,虽然挺烦人,可还能活很久。"这一来,莫泊桑暂时放心了。德热尔纳医生建议他"注意卫生,经常淋浴,夏天晒太阳,在宽心的气氛下安静地长期休息"②。因而,必须到南方去休养。但是他牙疼,他对母亲说:"左眼的状况和下面牙龈情况有联系。"不久,他向卡扎利斯医生诉苦:"我感到不舒服,眼睛无法看东西,身体也莫名其妙难受,我深受折磨……我母亲写信说,尼斯天气不错。我要到那里,待到星期四,但我希望我是搞错了。"莫泊桑有点控制不住自己,又去看另一位医学院院士马吉托医生,医生告诉他不能拔病牙,而且像慈父似的教训他:"您干的工作顶10个人干的,这要了您的命……10年内出了27本书,这种疯狂的工作伤了您的身体。先生,今天,身体开始报复了,弄得脑子也不好使了,您必须长期并完全休息……"莫泊桑谈到他喜爱航海,医生打断了他的话,说:"划船是身体健康的孩子们玩的,他们可以领着伙伴们去划船,但是像您那样心力交瘁的人可不行。您可以

---

① 龚古尔:1891 年 5 月 10 日《日记》。
② 1891 年致母亲的信。

在有太阳的日子,在迷人的帆旁、在滚烫的甲板上静静地晒太阳。在其他的日子,在下雨天时,那种小港口不能待。我劝您安安静静地在很惬意的地方待着,什么也别干,什么药也别吃,只喝点凉水。"听了这些话后,他告诉母亲,他对到未来度假的地方有些迟疑。他在信中说:"总之,我将在甲板上搞个厚帐篷,不管太阳多猛,我躲在里面,地方虽小,但很凉快。"①

　　南方对莫泊桑吸引力太大,虽然马吉托医生对他提出警告,他还是想去冒险。1891 年 5 月 9 日,他给母亲写信:"我的牙没有完全好,但会好起来的,脓肿已消。我将出发。"但是,洛拉要知道他病情的详情,他只好如实告诉:"我得了流行性感冒。这病首先使我胸口难受,而后我觉得痊愈了。总之,我曾想是摆脱了,但后来到了头部,头疼,接着是眼睛,也影响记忆。换换空气可能使我很快恢复,因为我既没有瘦下去(而是相反),也没有因而体质变弱,但是有点昏头昏脑。你知道吗? 在意大利北部城市,现在已有五六十人死于此病。"

　　他先到尼斯,然后到戛纳,他的时间花在写作和航海上。他想航行 6 个月,乘"漂亮朋友 2"号到非洲海岸。但是,他能否经受得住这样长时间的考验? 他首先要完成正在写作的手稿。他的灵感减少,下笔迟钝。他正在为《吉尔·布拉斯报》口授专栏文章。他说:"我已决定不写短篇和中篇小说了。这已经没多大意思,完了,

----

① 1891 年的信。

微不足道了。这类作品太多了,我现在只写长篇小说。"这些小说就是《外心》和《三钟经》,毫无进展。他眼睛又不行了。他在写给埃尔米纳·勒孔特·杜努伊的信中说:"每当我聚精会神,想读点什么或写点什么时,我的瞳孔变形、膨胀,看东西都不真。因此,三个星期来,什么都干不了,连写张便条都不行。"还有一封给不透露姓名的女人,她也收到一封哀叹的信:"现在天气很热,窗户里也充满阳光了!为什么我却不能完全享有这种幸福?狗在吠,这也表达了我的境况。这种悲号既不针对任何事物,也不说明任何问题,这种夜里的连续不断的哀号是我所不愿听到的。如果我也能像狗那样叫喊,那我也要到平原或森林深处,在黑暗之中叫他几个小时。这么做也许会使之宽慰。我怕的是我筋疲力尽的身体以后再也无法继续工作,连这种呼叫也干不了。"

这个疲惫不堪和灰心丧气的人,从蓝色大海、棕榈树、南方的阳光中消失,与弗朗索瓦·塔萨尔一起回到巴黎。接着是看了一个又一个的医生。医生们说法各不相同,相互矛盾。他真的病痛和编出来的疾病都混在一起了,他神志混乱,神经过敏,想象自己的身体里是些管子、口袋和阀门的组合体。几天以后,好像他的状况又好一些了。格朗谢医生说肯定是尼斯的气候使他不适。他说:"您在巴黎有一套宽敞和干净的房子,离布洛涅森林十分钟路程,恰好在夏天,你却到一个灰尘飞扬、道路纵横又没有乡村的城市里去。我想您应该待在绿荫的地方或到大海上去,那里可能会得到良好治疗;但是,如果您待在尼斯,您必然又会得病,我看夏天这个城市的空气最刺激人了。"

　　根据格朗谢医生的意见,莫泊桑到布洛涅森林中散步,他说:
"这里是绝对寂静和美丽的。"他也想去划船,因为格朗谢医生叫他
这么做,这与马吉托医生相反。但好日子没有几天,他刚写信给母
亲表示宽慰,他又眼睛疼、噩梦连篇,神经衰弱又犯了。弗朗索瓦·
塔萨尔跟着他,寸步不离,很是担忧,担心正在面临的悲剧。如果他
的主人突然死了,那他该怎么办? 他小心翼翼地要求给他开个证
明。莫泊桑开始有点吃惊,猜测他真正的动机,对这个头梳得整齐
又文质彬彬的宠爱的管家苦笑,用他那只颤抖的手写下了这样的
话:"亲爱的弗朗索瓦,您要求我为您在我家干了这么多年的工作开
个证明。我一直认为您是一位出色的服务员,忠诚、勤劳、聪明、能
干,在旅途中或新的家庭事务中,全是一把手,而且还是个好厨师。
我希望这是对您的推荐书。"①

---

①　1891 年 5 月 18 日的证明。

第十六章　奄奄一息

　　夏季将来临了,莫泊桑又捡起漫游的癖好,由弗朗索瓦·塔萨尔陪伴着,拖着沉重的脚步到达拉斯贡、阿维尼翁、尼姆、图卢兹、迪沃讷莱班、圣拉斐尔、尼斯等地游览,在这些地方,他请了几位医生看病以便更好地了解病情。但是,医生们错综复杂的解释都使他感到失望,只好又回巴黎。在巴黎,马吉托、泰里翁、拉纳隆格等医生也不知道其病情的究竟,只吩咐他要休息和水疗。格朗谢医生的办法更有力,他又把莫泊桑找到迪沃讷莱班。莫泊桑在韦斯纳克斯附近的一座别墅里住下,别墅靠近温泉,三伏天里也凉风飕飕,他要求女佣每天晚上在房间里点 36 支蜡烛,尽管房间里烛光明亮,但是幻象不断,令他恐惧。他在写给亨利·卡扎利斯医生的信中说:"我到了迪沃纳,这里风雨交加,气候潮湿,我已四个月没睡好觉,精疲力竭了。"①

　　尽管身体不适，莫泊桑仍买了一辆三轮车并一直骑到费尔内向伏尔泰的亡灵致敬。回来路上，由于头晕眼花而摔倒在地上，肋骨脱位。祸不单行，他的偏头痛又犯了，每天要服用两克安替比林。但是，他的下颌不疼了，因为他在日内瓦拔了一颗牙齿。他向亨利·卡扎利斯医生保证说："我身体很好，但头疼比以前更厉害了。有时候，我真想朝里面放一枪。我没法看书，一写字就头疼……天啊，我真是活够了！"

　　天气变坏了。寒风刺骨，冰雪交加。当莫泊桑收到泰纳的信建议他到迪沃纳对面，离日内瓦才十分钟路程的香佩尔的一个温泉疗养地休养时，他正打算到南方去。莫泊桑写信给母亲，信中说："去年，他(泰纳)得了我一样的病，经过四十天的治疗，他痊愈了。诗人多尔香目前得的病也和我一样。他能睡着觉了，情况就是这样！"居易满怀希望，首先到日内瓦，在去城里的路上，见到了他的朋友亨利·卡扎利斯医生，医生为了照顾病人的情绪，恭维他气色很好，甚至嚷了起来："您不是痊愈了嘛！"他同意他到香佩尔去治疗，因为那里的气候比迪沃纳更有益于健康。他说："对您来说，首先是个气候问题，要干燥有阳光，还有淋浴必不可少，因为气候已经使您起了变化，我相信是这么回事。"然而，这位医生偷偷地去找奥古斯特·多尔香，叫他提防着莫泊桑，不要干出荒唐事。医生对诗人说："我

────────────

①　1891 年 6 月的信。

把他领到这里，为了让他相信，他和您一样只不过是神经衰弱而已，并说治疗已增强了体质，减轻了症状！不幸的是，他的病与您的病不一样，您要赶紧去见他。"

莫泊桑一到香佩尔就埋怨天气又冷又潮湿，他要求伯塞儒旅馆给他生火。奥古斯特·多尔香在1881年就在巴黎认识莫泊桑，对莫泊桑过分激动的神经和说话前言不搭后语颇为吃惊。莫泊桑好像急要向年轻的同事和他的夫人讲述情况。他一上来就当着他们的面打开塞满手稿的提包，说："这是我写的小说《三钟经》的前50页手稿。一年来，我一个字也没续写。如果今后三个月再完成不了，那我要自杀了。"然后，他泰然自若地告诉他的同事，如果他离开迪沃纳，那是因为湖水上涨，淹没他别墅的二层。第二天，他把手杖放在鼻子底下，并神气活现地说："一天，我用这根手杖来自卫，对付我面前的三个对手和他们身后的三只疯狗。"他还说，他的伞也是令人感兴趣的物品："这种伞只有在圣-奥诺雷镇的铺子里才有出售，我叫玛蒂尔德公主的仆人买了300把。"他唾沫四溅，兴高采烈地吹牛，以至于奥古斯特·多尔香感到难受，诅咒这个天花乱坠的吹牛大王，怎么会跑到香佩尔来的。

莫泊桑到日内瓦去待了几个小时，多尔香得以轻松一下。他回来以后，把多尔香拉到一边，眨着眼睛，并在他耳旁细语，说在城里时交了好运："有个小妞，是这么回事！我可交了运！我的病好了！"他还自鸣得意和津津乐道，他不仅快捷地勾引迷人的瑞士女人，还到过洛特希尔德男爵家做客，受到"隆重的近似王家仪式的接待"。另外有一次，他把一个诗人拉到他卧室，拿出一些小瓶，说是拿这些做"香料交响乐"。他还谈起服用乙醚的乐趣："身体轻飘飘，浑身酥软，好像肉体消失了，只有灵魂，像升天似的。"

奥古斯特·多尔香伤感地看着这个天才作家如今才尽体衰。他邀请莫泊桑到他们夫妇居住的小木屋里共进晚餐。这个晚上，莫泊桑似乎恢复常态。在用餐时，莫泊桑显得头脑清醒，甚至口若悬河。然后，在主人的请求下，他朗读了已完成的50页《三钟经》的手稿，还讲了他构思中的故事情节。奥古斯特·多尔香后来写道："念到最后几句时，他眼睛充满眼泪。看到这个还残存一点天才、温情和怜悯的生灵，这个再也不能结束这篇小说，再也难以向读者表白的作者，我们也哭了。"

这篇小说后来没有完成。莫泊桑在这篇小说中，集合了几个他所喜爱的主题：难以忘怀的恐怖、荒唐的1870年的战争，被占领者羞辱的女子，最后是罪恶的上帝。他关于"罪恶的上帝"这一思想，在《无用的美丽》一文中已经表达过，而在《三钟经》中，他是面对创造主正式提出诅咒："这是一个永恒的杀人犯，他享受创造生灵的快乐，为的是重新杀戮他们，为的是重新消灭他们。他是尸体的创造者，坟墓的挖掘者，他为了不断地满足贪得无厌的毁灭的需要而播种和撒播生命的种子……"

莫泊桑在谈到他所酝酿的小说时，对母亲承认："我在书中所写的,就像是在我房间发生一样,这是我的杰作。"①他在弗朗索瓦·塔萨尔面前赞赏过这本小说:"我将在小说《三钟经》中,运用我一切表达能力,我将竭尽全力细致地安排情节。"②但是,他还不放弃写另一部小说《奇怪的灵魂》,实际上此书只写了一章。女主角莫斯卡伯爵夫人是罗马尼亚人,是个神秘的和肉感的棕发女郎,她可能就是"死人宴会"主持人波托卡伯爵夫人的再现。而主人公罗贝尔·马里奥勒③也像作者一样偏爱金发女郎。罗贝尔·马里奥勒说:"她们具有棕发女郎所没有的风采。棕发女郎态度生硬,都是在爱情上善于向男人开战的骁勇女骑士。瞧瞧这类女子,就像是征战中的武士。"在莫斯卡伯爵夫人周围,莫泊桑追忆道:"有一小帮无边界的贵族,这是上流社会的国际精英,他们互相认识、互相承认,而且无所不在。"在小说的下文中,他打算指明对立的男性和女性不可能融合,如果再加上种族矛盾,这种不和谐将更为严重。但是,他还有精力将这两部对他来说至关紧要的作品写完吗?他自己也怀疑。由于这种无把握的事,惹得他越来越爱发火。他在饭桌上发怒,得罪了旅馆老板。他痛骂管理水疗站的医生,因为医生不给开去夏尔科进行冰水淋浴的方子。他说,"这种治疗办法能推倒一条牛",而只有像他这样健壮的人才能顶得住这种疗法。由于觉得周围的人都讨厌他,他越来越固执己见和喜欢吹牛皮说大话。他任

---

① A.伦布罗索收集的话,见《回忆莫泊桑》。
② 弗朗索瓦·塔萨尔:《回忆莫泊桑》。
③ 莫泊桑在《我们的心》一书中,也用了这个人物的姓,只不过名字不同,安德烈变成了罗贝尔。

何一点小毛病都会夸大和令人憎恶。他感到自己成为可笑的人物。有时,这种毫不留情的歪曲使他感到害怕。他自忖,青年时代的荒唐行径、他那久经考验的身体、他那些艳遇、他的发行量很大的书籍,以及过去那种肆无忌惮的笑声,现在是否都要得到报应。

在香佩尔,医生们被莫泊桑接连不断的指责所激怒,让他了解延长治疗对他无济于事。弗朗索瓦·塔萨尔立即准备行装。莫泊桑向住在艾克斯莱班的卡扎利斯告辞后,于9月末到了戛纳。他又乘着"漂亮朋友2"号沿着海岸航行,力图忘掉失望与忧愁。但是太阳和大海也使他疲乏不堪。他只好再回巴黎。

莫泊桑又带着随身仆人回到博卡多街住所。他为了消遣,过着"社交生活"。在沙龙里,人们常看到他失态。爱德蒙·德·龚古尔说:"莫泊桑可能是得了自大狂妄症。"他逢人便说参观地中海舰队的事,参观时舰队司令迪贝雷为欢迎他命令放了无数响礼炮。而有人问及迪贝雷司令时,他说从未见过这位作家。[①] 在文学家同行中,人们既可怜他又耻笑他。但是,莫泊桑的傲慢和自我欣赏继续膨胀。也许,他真的相信那向同事所贩卖的事是真事。他愈来愈多地把梦幻和现实搞混了。

10月17日晚上11点,莫泊桑跌倒在地上,据弗朗索瓦·塔萨尔说是"无法描述的病症"。他很快到莫泊桑身边并叫来了医生。医生建议他立即到戛纳休息。在南方,太阳、大海、女人,这一切都

---

① 龚古尔:1891年12月9日《日记》。

吸引着他。正好有一位俄罗斯姑娘波格丹诺夫小姐和家人一起来到尼斯希米耶区,给他写信表示敬意。他还能吸引那些远方的陌生姑娘,用的还是他唯一的才能! 他受到阿谀奉承,立刻用他七年前对玛丽·巴斯基尔特塞芙这个俄国姑娘的故技写信:"您所问的关于我的详情,我很容易告诉您,您的信很有意思也很别出心裁,我很乐意这样做。首先我的照片,这是去年在尼斯照的。我已 41 岁,那么您的芳龄呢? 一定比我小得多吧……八天以后,我将回到戛纳,在那里过冬天,我住在格拉斯街'伊塞尔木屋'①。我的游艇在昂蒂布等我。小姐,谨以令人惊讶和令人诱惑的感情拜倒在您脚下。"②

但是,这位轻佻女子自以为如果给他地址,他必然会与她幽会。她告诉莫泊桑冒犯了她,而他却抗议说:"我怎么能相信您是位年轻姑娘? 我对您的情况什么也不知道。我相信的是一位年轻姑娘拿我寻开心。至于我的照片,我已答应公开出售,我也会像送其他陌生女子一样送给您。"这封有礼貌的回信本已足够;但是,他还用书信打情骂俏。他使出浑身解数,向完全不摸底细的与之通信的女人献起殷勤:"我想在各方面都搞清楚,别弄得糊里糊涂。在生活中,我不是那种糊涂人。我首先是个爱观望的人,我觉得有趣的事物我就得考察,而对那些我看来毫无意义的事,那就放在一边。这是很正常和彬彬有礼的吧? ……小姐,您可别生气。"

但是,这封书信的收信人对这种解释还不满足。她要求居易逐

---

① "伊塞尔木屋"位于格拉斯大街 42 号。
② 1891 年 10 月 23 日的信。

个回答调查表内容,这种事在沙龙里是令人恼怒的。于是,莫泊桑恼怒了,他刚与弗朗索瓦·塔萨尔搬到戛纳的"伊塞尔木屋",他对这位冒失的姑娘提出警告,说通信已经够了:"这是我给您的最后一封信。我看我们之间隔了一个世界,您根本不知道一个忙于自己职业和现代科学的人是很看不起生活中细枝末节的。您的讯问对我来说是很吃惊的。我坚守生活秘密,谁也不能过问。我是一个看破红尘的人,孤独的人,也是一个野性十足的人。我成天忙于工作,过一种流浪生活,以便能独自一人过日子,好几个月,只有我母亲知道我在哪里……我在巴黎是个谜,是个人所不知的生灵,我仅仅与一些学者联系,因为我爱科学,我也跟我尊敬的艺术家们联系,我也是那些可能是世界上最聪明的女人的朋友……"莫泊桑信手写来,心中充满奇特的感觉和崇高的信念。尽管他瞧不上这个爱唠叨、爱打听的俄国小妞,她竟敢搅乱他孤寂的生活,但还是禁不住告诉她他本人的某些情况:"我与您关心他们小说的文学家们已没有联系,我不让任何一个新闻记者进入我家,并禁止别人写我。所有那些写我的文章都是假的。我仅让他们谈论我的书。我曾两次拒绝荣誉团勋章,去年又拒绝加入法兰西学院,为的是能自由自在不受约束,也不欠人情,为的是在世界上只为工作。"由于这个奸诈的波格丹诺夫小姐又向他提起与玛丽·巴斯基尔特塞芙妥协的事,他再次指出,他一直拒绝会见这位不幸的姑娘:"她给我写信,信也收到了。但我已去非洲,这种信我已够受的了。"他满怀豪情地写道:"我几乎总是生活在游艇上,我跟谁也没有联系。我到巴黎只是为了看别人如何生活和收集一些资料……至于把我展现出来，那是不行的。我将再次消失 6 个月以摆脱众人。您看我们之间性格多么不同。"①

莫泊桑刚打发掉这个纠缠不休的姑娘，就遇到了另一方面的问题，他向纽约的一家报纸《星报》提出起诉以维护自己的利益。该报在未得到作者许可的情况下，出版了一篇莫泊桑写的《遗嘱》英文版小说。而且胆子挺大，署名莫泊桑。这是盗版，明显的剽窃行为。大西洋彼岸的国家不应该保护犯罪人员。莫泊桑委托他的委托代理人雅各布先生和律师埃米尔·施特劳斯先生干预此事。最使他恼怒的是，《星报》领导人认为他是一位"既不知名，稿酬也不高"的作家。他受到强烈的刺激，向雅各布先生列举自己的光荣头衔。他胸前挂满了奖章："是我将中短篇小说的风格带到法国，我的小说在全世界被译成各种文字，销售量很大，在法国报刊中，版税和稿酬最高，长篇小说每行 1 法郎，我签名的短篇小说每篇达 500 法郎……我的书出版数目是最多之一，仅次于左拉。过几天，我将寄您一份几乎是全部图书的目录单以及关于写我的文章。"莫泊桑怕雅各布先生由于怯懦或不熟悉门道而低估其文学成就或商业价值，他亲自起草了一篇出版说明存档："居易·德·莫泊桑先生是名列首位的法国作家，他使法国人重新品味到中短篇小说。他首先在报刊上发表，然后汇编成 21 本小说集，这些集子平均发行量每本达 13 000 册，这是可以用出版商季度账目来证明的。这些小说，在报

---

① 1891 年 11 月 10 日的信。

纸上和出版商那里都是以法国的最高价付酬的。"①

经过信件交涉,莫泊桑被弄得疲惫不堪,由于美国司法程序复杂,花费巨大,他只好望而却步。他书写越来越费劲,有些字难以辨认,有些字拼写错误连篇。他写给委托人的字据是不完整的:"我友好地紧握您……"但是,他又立刻要委托代理人对哈佛进行诉讼威胁,因为这位出版商在商店至少积压 500 册《泰利埃之家》,在此期间,他委托执法人员现场勘查书籍的缺货情况。他不再写书,但他脑子里总有印象,一部大作品已在脑子里酝酿成熟。

莫泊桑在"伊塞尔木屋"住下,感到特别快乐。房屋正面沐浴着阳光。他从窗户里可以看到大海和埃斯特拉雷尔海岬。这里气温温和。莫泊桑在谈到房子时说,这小屋是"我的小暖窝"。弗朗索瓦·塔萨尔以为他的病情得到了缓和。他特别为主人担心的是那些女客。因为这些女客不肯罢休,而莫泊桑已是精力耗尽的唐璜②,他色迷心窍,还对这些女人垂涎三尺,多嘴饶舌。最使这位忠心耿耿的随身仆人担忧的是一位"灰衣夫人",他在回忆录中没指名。他写道:"尽管这位夫人香气扑鼻、淡抹浓妆,但没有花柳巷女子的味道,她也不是属于在那里谈笑风生的上流社会的成员,而是标致绝色的市民,她是那种在仕女群中或圣心教会培养出来的高级仕女……她绝顶漂亮,打扮着装华丽大方,经常穿着珍珠色或灰白

---

① 1891 年 12 月 5 日的信。
② 唐璜原是西班牙传说中的人物,是一个爱玩弄女性的花花公子。——译者

色的衣服，用真正的金丝带束腰。她戴的帽子很简朴，与衣服相配，在下雨天或阴天，总在胳膊上带着一件翻领式披巾。"

这位神秘的"灰衣夫人"一直追着莫泊桑，从巴黎追到迪沃纳，又从迪沃纳追到戛纳。塔萨尔说，这个女人的情欲把莫泊桑弄得形如枯槁。一旦她出现，不幸也跟着来到这个家，把莫泊桑搞得面如土色。塔萨尔写道："我该不该对这个带来厄运的女人讲这个事实，指责她为寻求肉体和精神的快乐而犯的罪过，必要时毫不客气地把她逐出门外？……但是，既然主人愿意接待她，我就只能躬身迎候……我现在是多么后悔，当时为什么没有勇气而屈服于这种冲动感情，赶走这条美女毒蛇。要不然，我的主人也许还活着……"夜晚，他精疲力竭，但对"灰衣夫人"来访之事一言不发。1891 年 10 月的一天，莫泊桑已被这个吸血女鬼的色欲吓得魂不附体，对他的随身仆人说不愿再见到她了。但是她又来了，莫泊桑缺少不了那种会要了他的命的百般温柔。致命的欲火萦绕着他俩的脑际，并共同痛饮毒人的乙醚。

塔萨尔描绘的那个没有指名的"灰衣夫人"，是不是玛丽·康？1891 年 6 月 17 日，爱德蒙·德·龚古尔曾经给莫泊桑的风度翩翩、穿着时髦的女友画像，使人们相信就是她。龚古尔写道："在公主的沙龙里举行的晚会上，玛丽·康出现了，她眼圈涂着茶褐色，装扮成死人样子，她过去是布尔热的偶像，今天是莫泊桑的心肝宝贝，她对我说，她病得很厉害……受到全身瘫痪的威胁。"体弱多病、精神有点不正常的玛丽·康，迫切需要罕有的激情，对莫泊桑热情主动，以求得到最后的、独特的欢乐。莫泊桑对弗朗克·阿里斯谈到不透露姓名的情人时，说："她身上的一切都使我着迷。她散发的香水味使我醉倒，她身上散发的气味更使我神魂颠倒。她身材漂亮，不管是拒绝还是同意，都富于诱惑力，激起我无穷的欢乐。"与玛丽·康很熟悉的让·洛兰证实她就是塔萨尔说的有魔法的"冤家"。他写道："在犹太人的上流社会里，莫泊桑碰到了这个任性、对生活感到厌倦的女人，她那极端反复无常的性格使莫泊桑这位可怜的大作家更加不平衡。由于这个女人，莫泊桑的天才在文坛上消失了。"莫泊桑的老朋友莱昂·方丹则另有看法，他说"灰衣夫人"是一位名叫玛丽-保尔·帕朗-德斯巴尔的女子，她曾化名吉塞勒·德斯托克。这位生性好动的女郎由于被别的女人的活动所吸引，学绘画、搞雕塑，有时为让-雅克·埃内尔摆出裸露姿势，她在报刊上写文章，发表演讲要求男女平等。她与乔治·桑和弗洛拉·特里斯坦互争高低，留短发，穿男装。她那种不男不女的癖好，促使她追求怪诞的爱情。她被女友——梅特拉诺竞技场女骑手埃玛·鲁埃尔抛弃后，竟与之决斗，并开枪擦伤了左乳。她对任何试验都不却步。在1884年她遇到了莫泊桑以后，他们一起参加酒神节，喝得酩酊大醉，并与别人相互对着喝。至少，她在故事中所追求的东西，也要与生活结合起来。① 有时她来看莫泊桑时，装扮成男中学生，穿着裤子，帽子巧妙地遮着眼睛。他有两次把她当成另一个女人，"尽管这个女人

---

① 参阅皮埃尔·博雷尔的《真正的莫泊桑，莫泊桑与两性人》和吉塞勒·德斯托克的《爱情笔记》。

习惯于长时间和复杂的集会"，使得他请求原谅。有一天，她裸着身体，诱惑莫泊桑和一个"腰圆背厚"的小伙子。她就喜欢这种爱情游戏。莫泊桑尽力保全面子。然而，他抵不住她的诱惑。当莫泊桑被这些穷追不舍的可爱的狐狸精弄得心惊胆战时，这个疯狂的吉塞勒又出现在夏纳。莱昂·方丹说："因为这个女人特别聪明，十分迷人，身体如仙女，所以对她的情人来说就特别危险；我的一位拜倒在她石榴裙下的朋友说，这是个'迷人精'。"但是，这个善于搞爱情游戏的女人，跟踪追击纠缠莫泊桑居然追到他的隐居处来了？年轻时，莫泊桑勾引女人；而成年后，他竟成了女人们的牺牲品。好像是女人们用过去他对付她们的诱惑反过来对他进行报复。由于这种过错，塔萨尔看见莫泊桑身体如江河日下，日趋衰弱。

莫泊桑在平静一段时间后，又折腾起来。他已经不是身体的主人而是个寄宿者。他命令随身仆人叫他"伯爵先生"。后来，他一个星期减轻十公斤体重，心中为之哀叹，还说内脏有盐在腐蚀他。1891 年 12 月，他写信给乔治·达朗贝里医生，信中说："您是化学家吗？您知道如果肚子里面有盐是怎么回事吗？我脑子里的盐多了 1000 倍……但是，您的德国白酒里有酒精！您不知道吧，我一滴白葡萄酒或红葡萄酒都不能喝，也不能喝半杯白酒，甚至半杯茴香酒或黑藨子酒。早晨我喝了一小勺，我咳得够呛，嗓子和黏膜像火烧一样。我已不能用香水，也闻不得香水，酒精弄得我头昏脑涨。特别是别对人讲这些太太来看我了。这会把她们可怕地卷进去……我的情况很糟糕。昨天，我难受极了，发现我的身体、皮肤和肌肉全泡在盐里……我的突发症状或者是病痛已到了胃里，还有脑袋和思想也有叫人难受的病症。唾沫没有了，盐已把它吸干，一种盐面团留在嘴唇上……我想这是快死了。昨晚和今天早上我都没吃饭。晚上真可怕。我几乎说不出话，呼吸时发出可怕又剧烈的喘气声。我头疼得用两手撑着，好像这是个死脑袋。"

任何药物都无法减轻莫泊桑的痛苦。由于他经常服用乙醚和吗啡，以至加强剂量也无济于事。在这种情况下，最好的办法是否在现在结束生命？一年以前，他就对于格·勒鲁说过："我想自杀以求再生，有一天如果真的百无聊赖、精疲力竭，那这就是离开尘世的逃脱办法。"最近，他对弗雷米医生说："在精神病和死亡两者之间，我选择已定。"他觉得自己已在死亡的边缘上，告诉亨利·卡扎利斯医生："我肯定是完蛋了。我甚至已濒临死亡。由于我鼻腔用盐水冲洗，我大脑已软化。大脑里盐在发酵，每天晚上，脑子像黏面团那样从鼻子和嘴巴里流出来。死亡即将来临，我是疯子。我脑子乱七八糟。永别了，朋友，您再也见不到我了。"

1891年12月14日，他草拟遗嘱。使他取消这个念头的是一想到他母亲就伤心。他已答应与母亲在尼斯的拉瓦耐尔别墅过圣诞节。在最后一刻钟，他给母亲拍了一封电报，取消预约，电文是："由于与某些夫人到圣-玛格丽特岛聚餐，过完节后与您一起过新年。"根据莫泊桑夫人说法，某些夫人指玛丽·康和她的妹妹。居易无法抵挡与她们会面的诱惑。但是由于争吵，这次丰盛的聚餐吹了，因为，争吵的次日，两位夫人很生气，坐第一班火车离开了。

第二天,在太阳落山时,居易独自漫步在格拉斯大路上。实际上,他对两位巴黎的漂亮女友仓促离开深感庆幸。这一来他可以在一段时间内摆脱女人的缠绵合谋。弗朗索瓦·塔萨尔与主人共担痛苦,见主人脸色铁青、眼神惊慌地回来十分吃惊。莫泊桑咬紧牙关,说晚上在田野里撞上自己的鬼魂。他喃喃细语:"弗朗索瓦,这个鬼魂就是我自己……它来到我身旁……它什么也没对我说……它鄙视地耸耸肩膀……它憎恨我……弗朗索瓦,别忘了把所有的门关好,关好后再检查一遍……"对埃尔维的回忆总是在脑子里回荡。他好像已走向深渊,两年前他的弟弟已掉了进去。现在,这座房子里充满了痛苦和幻觉。

给莫泊桑治病的医生很多,他们现在一致认为莫泊桑患的是梅毒性脑膜炎。他们长期以来犹豫不决,认为是感染性病和神经官能症,当时的科学还不能确定何种病症①。到底是偶发性梅毒还是遗传性梅毒?无可否认,莫泊桑过去家庭负担很重。他母亲一直有点怪僻,在1891年她染上神经官能症,她得不到居易的消息,就吞服阿片酊,并抓住自己的头发企图自杀。他的舅舅阿尔弗雷德·勒·普瓦特万由于生活放荡,32岁时就去世。而弟弟埃尔维则死于全身瘫痪。在这种可疑情况下,莫泊桑于1876年染上梅毒。开始时,他自以为是"大疮",后来,在医生犹豫不决的诊断面前,他倾向于

---

① 在莫泊桑死后6年,1899年,巴班斯基医生认为莫泊桑眼睛紊乱是梅毒的明显症状。肖丹和霍夫曼在1905年发现梅毒螺旋菌这个病原菌。1913年,诺居希医生指出在梅毒第三期,梅毒不仅存在于生殖器部位,而且系统地染及大脑。1923年,铋盐用于治病。1944年,青霉素成为拯救此病的药剂。

神经官能症。在医生嘱咐下,他服用各种药品,从服用乙醚到拔火罐,从冷水疗法到阳光疗法。几年治疗均未奏效,他人瘦了,头发掉了,说话结巴,手发颤,脑子糊涂,幻觉丛生。当他照镜子时,他看到的是认都不敢认的怪物。

1891年12月27日,塔萨尔侍候莫泊桑在"伊塞尔木屋"单独用餐。他神情恐惧,剧咳不止,胸口憋闷,说:"有一块船底板在我的肺里。"随身仆人给他喝了一杯热茶,他马上说这一来得救了。一小时以后,他就到"漂亮朋友2"号船上。但是划船使他疲劳不堪。他觉得下船坐交通艇回码头都有点困难。两腿不听使唤,他脚抬得很高,放下很快,动作不连贯。这一天回家后,他给委托代理人雅各布写信:"我快死了,我觉得两天后我将死去。请您料理我的后事,并与我在戛纳的公证人科勒先生联系。这封信是我向您的告别。"

然而在28日,他在弗朗索瓦·塔萨尔的陪同下,到尼斯他母亲家吃饭。吃饭期间,他沉默寡言。由于气氛不好,连逗小西蒙娜的兴趣都没有,莫泊桑对天真的小侄女疼爱异常。29日下午,他的朋友达兰贝尔医生来家为其诊病。他在浴盆里接待医生,与他开玩笑,仿佛若无其事。医生在离开莫泊桑家时,弗朗索瓦·塔萨尔一直把他送到花园栅栏门口,医生嘱咐说:"您的主人体质很好,但疾病祸及大脑。他刚才跟我讲突尼斯旅行的事,日期,见过的人的名字,说得一清二楚,令人难以相信……他跟我说话就像一个什么都害怕的人一样。亲爱的弗朗索瓦,你要有耐心和勇气。"

弗朗索瓦虽有点怀疑,但还抱一些希望。12月30日,北极光笼罩着埃斯特拉上空,莫泊桑出门欣赏奇景并说:"弗朗索瓦,您看,这是红色的血。"然后,他骑着三轮车到昂蒂布他的朋友米泰斯船长家,与他讨论翻修"漂亮朋友2"号事,并邀请他第二天共进午餐。这一天,他心情不佳,从用餐开始时起,他说话不连贯,在含糊不清地说了几句道歉的话后,回到了自己的房间。

　　1892年1月1日早晨7点,他起身后准备坐火车到尼斯见他母亲。但他的眼前一片迷雾,连刮脸都困难。弗朗索瓦·塔萨尔向他说了几句祝贺新年的话后,他勉强地咽下早餐。在托盘里,有一大堆信件。在这个他将要离开的世界里,还有人在想着他呢!他打开几个信封,看小仲马寄来的贺年片。他穿好衣服,来到花园里,在那里贝尔纳和雷蒙两位水手向他祝贺新年。大家说说笑笑,并互相祝贺新年,而后莫泊桑想起见母亲的事,说:"我母亲在等着我们呢,弗朗索瓦,别误了火车。如果我们不去,她会以为我病了。"

　　在火车上,莫泊桑透过窗户欣赏着阳光下闪闪发亮的蓝色海洋,他要求弗朗索瓦·塔萨尔坐到他的位子上来读报,并指明他感兴趣的新闻。

　　像往常一样,他们在拉瓦耐尔别墅用午餐。在饭桌上,莫泊桑脸色苍白,说话前言不搭后语,突然,他说曾被通知"服鬼血树脂片①",可能是事情不妙。然后,他发现母亲用一种痛苦惊讶的神色看着他,于是他决定返回戛纳。洛拉怕他不宜乘坐火车,惊呼:"我

---

　　① 一种泻药。

的儿子,别走!"但他摇摇头,朝着大门直奔而去。洛拉后来说:"我想我的儿子,我求着他,我这个风烛残年的老太太央求他,他固执已见,我看见他神气活现,昏头昏脑、摇摇摆摆地消失在夜色里,我可怜的孩子,我不知道他走到哪里去。"①

到戛纳后,居易艰难地回到房间,穿上丝织衬衣并用餐:鸡翅、奶油菊苣、香子兰蛋奶酥,饮料是矿泉水。当他吃完点心在客厅里迈了几步,想活动双腿时,脊背疼又犯了。随身仆人给他递了一杯洋甘菊茶剂,并拔了几个火罐。一小时以后,他觉得轻松些。11点半,他用"葡萄疗法",吃了些白葡萄,并闭目养神。半夜时分,塔萨尔看见他睡着了就退出房间并把门半掩半开。这时,门铃急剧响起,随身仆人开门后看见电报递送员在门口,他带来了一封来自"东方国家"的电报,按弗朗索瓦·塔萨尔的说法,这封电报是"他主人的女对头的祝贺",也就是"灰衣夫人"的电报。她是否不让这位不幸的作家安静休息?在新年之际,她想起他来是为了毁了他吧! 莫泊桑一直在那里昏睡,塔萨尔转过身来很遗憾地把电报放在床头柜上,然后踮着脚回到自己的床上睡觉。凌晨1点45分,一阵吵闹声打断了他的睡梦。他迷迷糊糊地在黑暗中摸索,奔向主人的房间。

这时,莫泊桑想拿手枪向头部开枪。但弗朗索瓦·塔萨尔特别细心,几天前已把子弹退出。只听见金属咔嚓声。莫泊桑很恼火,扔掉这无用的武器,拿起桌上裁纸的小刀,放到脖子上想切断颈动

---

① A.伦布罗索:《回忆莫泊桑》。

脉。刀口擦过脖子伤了皮肉。这一手也没奏效。于是他跑到窗口想跳下去,但是百叶窗关着。当莫泊桑正在像疯子那样狂吼时,脚步声和叫声骤起。塔萨尔已事先告知也住在"伊塞尔木屋"的"漂亮朋友2"号水手雷蒙。他们俩冲进屋内,看见莫泊桑穿着睡衣,两眼呆滞,木然地站着,满脸都是血。他断断续续地说:"您看,弗朗索瓦,您看我干什么啦……我把脖子扭伤了……这真是疯了……"以前,他曾骄傲地对朋友们说:"我像流星似的进入文学界,像霹雳似的走出文学界。"①但霹雳没有发生。告别读者的事没打响。别人会取笑他,或者埋怨他,这是最糟糕的。这是了不起的困难!这回再也做不到了。他的头颅变成能敲得响的葫芦,已空空如也。别人跟他说话,他也不回答。这些纠缠他的人是些什么人?他实在顶不住了,只好睡觉。弗朗索瓦·塔萨尔匆匆地对他进行包扎,幸好伤口不深。后来紧急请来了瓦尔古医生进行必要的缝合伤口。在手术期间,病人安静,没喊也没叫。他是否也在回想已经过去的事?

医生走后,他好像苏醒过来,向站在床边的两个人说话。弗朗索瓦·塔萨尔写道:"他对我们说很遗憾,干了这种傻事,并跟我们谈了很多恼人的事。他向我们俩,向雷蒙和我伸过手来,他像是对他所干的事向我们表示对不起:他可能估摸他的不幸……总之,他低下头,闭上眼,睡着了……雷蒙靠在床边,筋疲力尽,神情沮丧。他已经尽了所有力量。他面色苍白。我建议他喝点朗姆酒,他也照

---

① 约瑟·玛丽亚·德·埃雷迪亚:在鲁昂莫泊桑纪念像揭幕仪式上的讲话。

办了,于是,他从巨人似的胸中发出呜咽的哭声,以为它要爆裂了……我们俩守着我们的好主人,我一动也没动,因为他的一只手放在我的胳膊上。"①

早晨,另一水手贝尔纳来接替他的伙伴。1月2日,莫泊桑在半清醒半糊涂状态下在床上过了一天。晚上8点,他突然精神起来。他竖起耳朵,眼神咄咄逼人,叫了起来:"弗朗索瓦,您准备好了吗?战争爆发了!"为了使他平静下来,随身仆人说明天早晨才开拔上前线。莫泊桑大吼:"不是得赶紧走吗?是您耽误了出发……"总之,他一直认为,"为了报复,我们要一起前进!您知道我们需要报复!我们将报复他们!"

因而,这个已经被摧残得不像样子的人,脑子里浮现的还是战争的回忆和溃败的印象。在折磨他的谵妄中,少年时代的回忆是精神安慰。在绝望之中,他又变成20岁的青年了。弗朗索瓦·塔萨尔劝他理智一点,莫泊桑已筋疲力尽,重新安静地睡下了。

所有的医生一致认为,不知哪一天,莫泊桑又会发生自杀危象。应该让病人住院治疗。但是决定此事可行的莫泊桑母亲,对此犹豫不决。这不是叫人笑话吗?又是一个莫泊桑到疯人院!埃尔维的事情刚过,她的居易,她亲爱的居易,受群众爱戴,受女人们宠爱的天才作家……就这么完了!她希望他的名字加上贵族头衔,出生于一个城堡里。现在要看着他穿着一件紧身衣?然而,别人劝她想开

①　弗朗索瓦·塔萨尔:《回忆莫泊桑》。

　　　　　　　　　莫泊桑传

一点。她儿子的病不可能治愈。病情甚至会恶化。如果让他自由行动,对他自己或周围的人都很危险。这是难以抵挡的事。洛拉只好认命了。然而,她不希望居易像埃尔维那样在可怕的布龙疯人院里结束生命。她听说布朗什的疗养院设备具有巴黎水平,那里住着精神错乱的上层社会人士。在那种地方,至少陪伴的人是有身份的人,即使在受难不幸时,还可保持受人尊敬的外表。

布朗什医生接到通知后,立即派一位护士去接新病人。在儿子出发时,她没有参加送行。显然,医生们也没有建议她参加,他们怕她的出现会使病人出现极度绝望。有人背着莫泊桑,建议让他到港口最后一次看看"漂亮朋友2"号游船。有人说,看看这只游船,会使他恢复知觉,在脑子里产生有益健康的治疗作用。这帮人都同意这个建议,拥着莫泊桑离开"伊塞尔木屋"走向海边。过路人惊奇地看着这个身材矮壮、面部浮肿、双眼突出的人由护士搀着,像木头人似的毫无表情地迈步。他外衣里穿着紧身衣,一块围巾包着扎绷带的颈部。莫泊桑到码头时,凄然地看了一眼游船,游船的漆和铜在阳光下闪闪发光。贝尔纳和雷蒙两位水手强忍泪水。与船主人一同掌舵到海上航行的事就这么结束了。病人动了动嘴唇,但嘴里没有出任何声。这个世界已没有他的位置,他的名字后面,只不过是个没有人牵动的木偶。护士很艰难地拉着他。莫泊桑好几次回过头来看这艘没有主人的游船。

为了避免好奇的人群,莫泊桑被带到戛纳车站站长特别客厅。莫泊桑和弗朗索瓦待在那里,护士等着火车的到来。随身仆人已不知疲倦，只觉得时间过得很慢。终于，蒸汽机车在远处鸣笛。到巴黎的快车带着一节卧铺车厢。护士和弗朗索瓦·塔萨尔扶着莫泊桑登上第42号车厢的踏板。在为莫泊桑预定的包厢里，他在铺位上倒下了。他低着头，昏昏沉沉，一点也没有注意到在窗户外挤着、伸着头看热闹的人群。

在整个旅途中，莫泊桑一言不发，有时睡觉，有时沉浸在莫名其妙的冥想中。1892年1月7日，亨利·卡扎利斯医生和奥兰多夫出版商在巴黎的里昂车站迎接莫泊桑，并直接把他带到布朗什医生的诊所。

第十七章　被生活判死刑的人

贝尔东街是一条寂静的、不繁华、不引人注目的街道。17 号房屋后面,有一座达朗贝尔公主的古老别墅,埃米尔-安托万·布朗什医生的诊所就设在这里。① 院子外面有很厚的围墙。宽阔的林荫道直通双梯级的台阶。莫泊桑下车以后,步履蹒跚。旅途已使他筋疲力尽。他面如土色,鼻燥舌干,走路时向两边吐痰。显然,他虽跨进门槛,但不知道这座建筑物的特殊用途。护士安排他就寝,默里奥医生包扎他的颈部伤口,在他看来,这一切都很自然。然而,他拒绝进食,只想喝水。他住的 15 号房间明亮、宽敞,但为了防患不测,窗户已钉上铁栅栏。房间有看守守着,主要房间与过道隔开。

来到诊疗所的第二天,居易抱怨有人偷了他的《三钟经》一半手稿,并指责奥兰多夫允许这本小说在《新观察》杂志上发表。他

---

① 达朗贝尔宅邸首先由西尔韦斯特-埃斯普里·布朗什医生购得,并开了个诊所,其子埃米尔-安托万继承了诊所。贝尔东街今天改名安卡拉街。

服了两粒药丸,好像有一粒钻到肺部里似的,疼得他直哼哼。以后的几天,他吃得很少(汤和面包块),但是他硬说屋里住满了梅毒病患者,有鬼在他房里走来走去。后来,他突然之间平静下来,若有所思地听人讲话,并要求用矿泉水洗澡,把全身洗个干净利落。头脑清醒了一会儿后,幻觉又接踵而来。他想起曾住在这座宅邸的达朗贝尔公主,她在9月屠杀中被斩首。不久,福楼拜隐约出现并招呼他。埃尔维的声音也听得见。居易肯定地说:"他们的声音很轻,好像是来自远方。"他边说边用脚跺地,似乎是踩一堆埃尔维训练的、用来打他的机灵的小虫子。

这些症状使布朗什医生和默里奥医生茫然不知所措。治愈的可能性极为渺茫。在进行了新的检查后,布朗什医生在病历卡上写道:"谵妄观念引起智能混乱,经常忧郁、多愁善感,有时由于错觉和感官幻觉引起妄自尊大……居·德·莫先生病情严重,需长期治疗,病情结果还不能宣布。"

正当莫泊桑在诊疗所与困扰他的疾病做斗争时,大部分报纸不怀好意地对其住院说三道四。1892年1月12日,安德烈·韦尔沃尔在《不妥协报》上写道:"为了阻止居易·德·莫泊桑喝乙醚和抽鸦片,难道需要把他关到三星级医生的诊疗所里,为其大做广告吗?这位作家作为精神病的著名实践者,已经深受伤害,感到恐怖,他的舒适安逸的生活不已完全被病魔毁了吗?"还有一些悲天悯人的和信口开河的消息在新闻界传播。由于害怕这些报纸会被莫泊桑看到,《两个世界杂志》戏剧评论家路易·冈德拉克斯在1月12日急忙写给默里奥医生一张条子:"如果未经仔细阅读,最好不要给莫泊桑任何报纸,并尽快通过我的朋友卡扎利斯告诉《费加罗报》《高卢人报》和《巴黎回声报》,可以这么说:我们高兴地获悉,居易·德·莫泊桑的健康状况日益改善。昨天,他要求看报纸。他已能看其中几种报。这当然是泛泛而论,如果他看,当然是那种不伤害他的。告诉所有的记者他能看报,这样做是有好处的。"

亨利·卡扎利斯医生答应进行交涉,以便使莫泊桑患病的消息报道能体面地平息。但在 1 月 13 日,埃米尔·戈蒂埃抢先一步,在《巴黎回声报》发表了无耻的文章,题为"喝乙醚者",他写道:"《我们的心》的作者舞文弄墨脑汁绞尽,以乙醚提精神。这种春药每天进入血管,并没有使这个人脑子更好使,瓜熟蒂落似的写出光彩文章,反而使这个艺术工匠成为残疾人、痴呆者、疯子。"路易·冈德拉克斯愤怒至极,坚决要求布朗什医生向报纸转达一个公告,以平息他的著名病人的健康事件。但是,诊疗所当时真正的主人默里奥医生反对这样做。而医生们的意见则走得更远。路易·冈德拉克斯于 1 月 17 日(星期日)跑到《高卢人报》编辑部,宣布:"居易·德·莫泊桑情况大有好转。他了解外界情况。他看报纸。"

洛拉在听到他儿子的种种传闻后,羞愧难当。她对那些听她说话的人叫嚷,居易不是疯子,他们家族也从来没有疯子,甚至埃尔维也是精神正常的。他们的父亲、住在圣-马克西姆的居斯塔夫·德·莫泊桑在给一位陌生人的信中急忙地证实上述观点:"我的儿子埃尔维在园艺场干活儿时,喜欢光着脑袋晒太阳。他患可怕的日照病已经三年,他一病不起,几个月后病故。这完全是偶发性事故造成的死亡。"

然而在文学界,七嘴八舌,众说纷纭。大部分同行对莫泊桑健康状况恶化表示叹息,而实际上,他们是幸灾乐祸。这不仅少了一个竞争者,而且是一个怎样水平的竞争者! 他挣的钱几乎与他们所有人一样。奥克塔夫·米尔博冷冷地对克洛德·莫内说:"莫泊桑从来也没有爱过什么,既不爱艺术,也不爱花朵,什么也不爱! 这是对他的报应。"而爱德蒙·德·龚古尔在《日记》中又添油加醋:"对莫泊桑的传闻,谈论颇多,作为作家的真正价值方面,似乎过分夸大,有人做这么个可悲的评价:他没有知心朋友,事实上有一个知心朋友,那就是出版商奥兰多夫。"①根据上述理由,爱德蒙·德·龚古尔把莫泊桑从即将成立的文学学会成员名单上划掉,他本该接替福楼拜的。

莫泊桑浑浑噩噩地被关在诊疗所里,极不乐意,他由每天来看他的随身仆人和护士巴龙照料。洛拉委托弗朗索瓦·塔萨尔用书信定期告知她儿子的情况。她说,她到巴黎去已力不从心。在听到儿子消息时,她的健康情况也需要与居易一样的照料。莫泊桑的朋友们用各种办法解释这种态度。有些人相信作家的母亲因为身体不好需要出去活动活动,另一些人则为数更多,责备她无动于衷和太自私。毫无疑问,两者都是极端。洛拉多年来忧愁交加,不想离

----

① 龚古尔:1892 年 1 月 10 日《日记》。

开隐居的尼斯出外奔波,只有和儿子亲自谈心才能揭穿这种吓人的鬼话。出于撕人肺腑的、痛苦的母爱,她多么想去巴黎看望儿子。她叹息道:"我又老又有病,我整杯地喝麻醉药终究会把我的思想消耗殆尽。"

有一天早晨,当弗朗索瓦·塔萨尔在病房给莫泊桑夫人写信时,莫泊桑突然站在他面前大吼一声:"您代我给《费加罗报》写文章,嗯!我请您滚蛋!我不想再见到您!"塔萨尔惊呆了,老泪纵横,向布朗什医生求助。医生低头叹息:"这正是我怕的事!"但是,居易已忘了斥责仆人的事。突然,他像神秘的魔鬼附身那样说:"上帝昨晚在埃菲尔铁塔顶上向全巴黎的人宣布,居易·德·莫泊桑是上帝和耶稣基督的儿子。"他说,他到世上有重要任务,不能容忍医生的迫害:医生在过道里等着给他"注射"吗啡,吗啡在他脑子里挖了好些窟窿。此外,他的仆人偷了他 6000 法郎。但是,最令他心烦的是,仆人身上散发着盐味,这种特殊的味道刺激巴黎人来反对他。他还要操心弟弟埃尔维坟墓的事,他与已故的弟弟每天都在对话,弟弟要求扩大他的坟。有几次他要将弗朗索瓦·塔萨尔赶出他的房间,借口是偷了他的东西,可能还要杀死他。相反,他还接待了一些来访者。那些先生排着队陆陆续续地站在他面前,他也勉强地能认出他们:卡扎利斯医生、格朗谢医生、雅各布先生、阿尔贝·卡昂以及其他一些人。这些人都和颜悦色地跟他讲话,他回答时前言不搭后语,谈"旅行药品",他们临走时个个神情愕然。

1月23日,他怀疑公证人以1500法郎价格卖了他在埃特尔达的房子,这房子本来价值3.5万法郎,他还揭发医生用掺了蜜糖的洗涤剂想杀害他。几天以后,他冲着墙怒喊:"埃尔维!埃尔维!有人想杀我!把文件全烧掉!杀死那些警察!"而后,他为母亲、弟媳、侄女西蒙娜定了午餐,他感到遗憾的是她们找不到进屋的门。他还大谈魔鬼,这些魔鬼缠住他不放,他还指责弗朗索瓦·塔萨尔写信给上帝,信中指责他的主人鸡奸母鸡和山羊。

上帝和魔鬼成为病人亲密的对话者。布朗什医生写信给洛拉,询问她如果居易要求牧师的佑护怎么办。她在回信中说:"我能告诉您的,那就是我儿子在人生的道路上,宗教观念淡薄,对他所不信的东西既不反感也不鄙视……那就看着办吧,听从病人的愿望……但是,难道你也不害怕搅乱了他的思想和唤起一种危险的怪念头吗?……这不过是病人的梦想……我承认,我虽不是个遵守教规的人,但我是很尊重宗教信仰的。我要求的只是一件事:治愈我可怜的儿子的病。不管他信教程度如何,他一直是一个宽宏、高贵、正直的人,儿子具有孝道的心也在我的胸中跳动。"但是,她一直没有到巴黎的儿子身旁,尽管居易既吃药又淋浴,病情还是日益恶化。

1月28日,居易说他整夜都在与母亲说话,在戛纳,医生们用"棉线"给他包敷,使他很不舒服,他的说话声,即使窃窃私语时,也能传到中国。弗朗索瓦·塔萨尔又被指控剥夺了他的全部财产,而诊疗所的厨师被指责在他的咖啡里用硫酸铁下毒。2月1日,他表示愿望,要到则肋司定会①去领圣体,这个教会在等着他呢。但是,他说,所有天主教徒的胃都是人造的。他自己也有一个这样的胃,值 1.2 万法郎,但是刚刚破裂,因为别人不是每半小时给他吃鸡蛋。2 月 4 日,由于疯狂的刺激,他大叫:"给我穿衣服,我要乘火车去炼狱。"第二天,他斥责上帝并把上帝当作"笨老头",并叫救火队员把寺院下和城堡下的喷水龙头取走。他的谵妄逐渐增强,他还咒骂默里奥医生:"你是一个无耻的老好人! 上帝,您是疯子! 您瞧,弗朗索瓦承认偷了我 8 亿法郎……您听见了吗? 他偷了出版商的,不是偷我的,是沃男爵宣布战争开始,是他侮辱了保罗·德·卡萨尼亚克……怎么,你们不知道将军们和大主教们在戛纳要将我活埋? ……你们不能杀我……我是打不倒的……我将杀死所有的魔鬼!"然后,他指责格朗谢医生,并威胁让他喝"30 滴水银"。2 月 17日,他拒绝吃饭,说"这些食物是木乃伊和士兵的病菌",他还平静地说:"耶稣基督和我母亲睡觉了! 我是上帝之子!"

由于他病情严重,人们用食道导管给他进食。他在床的后面,胡说八道一通,说这种导管会带来"黑疮",他会把这种"黑疮"传给上帝并置之于死地,他比上帝还厉害,"玷污"过上流社会所有女子。3 月 8 日,他干脆决定不撒尿。他说:"在临死时不该撒尿。这样我就力大无穷……但是,如果人们用导尿管,那我就会立刻死去。"他还说:"晚上不该撒尿,因为尿尿会使人睡着。这是宝石,不

---

① 则肋司定会为天主教会派别之一,由则肋司教皇五世创立于 1251 年。——译者

应该放在罐子里。我说的是它会补身子！我肚子里钱多着呢!"由于尿憋得太久,医生用导管引尿,在导尿时,莫泊桑大喊大叫,竭力保留他的尿:"这是钻石！应该放到保险箱里去!"他这种想法牢记在心。3月29日他又叫嚷:"不要撒尿,尿液是用首饰做的,我带着它去见上流社会女子!"奇怪的是,那些上流社会女子和其他的人,在他的生活中占有如此重要的地位,这个时候却一点也不关心他。他自吹的风流韵事在谵妄状态中却毫无暗示。疯狂症似乎已使他毫无男子汉气概。他从性欲里摆脱出来后,一头扎进不可逆转的痴呆,他感兴趣的只是内脏的运转,以及到达天堂的声音,天堂里的上帝在追击他,还有那些与随身仆人合谋的医生,他们处心积虑在偷盗他的财富。有时,他忘记了自己曾是著名的作家,《狂人日记》一书最终把自己逐出作家的大门。

　　1892年3月30日,爱德蒙·德·龚古尔在他的《日记》中写道:"科芒维尔夫人①告诉我关于莫泊桑的令人伤心的消息。现在,他再也不谈他的手稿《三钟经》。最近,他给某人发了一封电报,他再也不能写此稿了。他成天对着墙讲话。"这些消息,她是从默里奥医生的助手富兰克林·格鲁医生那里得知的,这位医生玩命地向她献殷勤。后来,龚古尔还写道:"莫泊桑成天与臆想的人物讨论,那些人是银行家,证券交易所跑堂的,还有那些有钱人。"他补充说,按布朗什医生的看法,他的病人"眼睛发直,张口结舌,是一个真正的

---

① 福楼拜的侄女,埃内斯特·科芒维尔的遗孀。

疯子的样子"①。8月20日,在《画报》上可以读到这样的话:"人们谈到莫泊桑时,已把他当作祖宗供着。"

莫泊桑的日子过得很艰难,不知岁月的消逝,也没有人来看他。然而,过了很久,理智突然闪现。作曲家阿尔贝·卡昂试图使莫泊桑快乐些,对他讲了些往日共处的回忆,莫泊桑突然说:"滚你的蛋!稍过片刻,我就不是我本人的样子了!"并大叫,"护士,给我穿上紧身衣!快!快!"另有一次,在他叫人帮助前,已经怒火填膺,用台球弹子打倒一个病人。他一会儿是病态的麻木,接着又激动万分。他很听话地让人治疗,又继续茫然若失地自言自语。1893年1月30日,爱德蒙·德·龚古尔在参加玛蒂尔德公主晚宴回来后写道:"今晚,布朗什医生也来公主家做客,他把我们叫到一旁,谈起德·莫泊桑的情况,他让我们明白,莫泊桑已经像野兽一样了。"这话真叫人害怕,莫泊桑已形同野兽。过去闪耀着智慧的光辉的才子,现在只不过是具有原始生理要求的皮肉之躯。这个动物人就这样逆来顺受,变成一只很小的动物。随着晴朗日子的到来,他好像恢复了对生活的乐趣,由护士陪伴着,走出院子,来到树林深处,他说:"这里栽些树,到明年,我们就会看到不少莫泊桑栽的小树。"而后,又是一些不理智的胡说八道。

1893年3月11日,法兰西喜剧院第一次演出他的两幕剧《和睦家庭》,此剧由小仲马负责彩排,还重编台词。三年前,居易在谈

---

① 龚古尔:1892年8月17日《日记》。

到这个小剧本时，曾写信给母亲："我现在相信此剧很不错，将来有机会上演时，我不怀疑会获得成功。"①在当时情况下，这也是一出沙龙里的爱情戏。这些戏的人物都是有贵族头衔的。"上流社会的女子是属于社会的，也就是说是属于大家的，除去她那委身的人以外。"这是漂亮的萨吕斯夫人的情人雅克·德·朗多尔说的话。这个剧由沃姆斯和勒巴尔吉先生及巴尔泰小姐扮演。此时，莫泊桑独自待在屋里，目瞪口呆，两手颤抖，正与萦绕他的噩梦做斗争，而那些衣冠楚楚、浅薄的巴黎观众正对他昔日在欢乐喜悦的情绪下写的作品中的台词鼓掌喝彩。有些观众甚至还问，这个戏的作者是否还健在。

5月4日，埃尔米纳·勒孔特·杜努伊在看望了莫泊桑以后，对他的印象是，这是一场无法挽回的灾难。她写道："他坐在精神病院的院子里，在蓝天下，他显得多么苍白、衰老、体弱，简直像个幽灵！他形容憔悴，双眼通红，毫无神采，下巴肌肉松弛，像块贴饼。他双肩高耸，下意识地用衰弱和苍白的双手抚摸着下巴。"还有些女人，其中包括约瑟芬·利兹尔曼，希望最后见莫泊桑一面，但洛拉出于谨慎小心，从远处遥控，希望儿子能安安静静休养，禁止这些女客进入疗养院大门。

6月初，莫泊桑被发现有癫痫性惊厥，医生认为这一下快完了。虽然心脏还在跳动，但病人已无法站立。天长日久，梅毒已将这个

---

① 1890年8月5日的信。

昔日身强力壮的运动员变成现在瘫软的骷髅。他趴在地上,用嘴舔着墙壁。6月28日,已无感觉的身体再次抽搐,人进入了昏迷状态,他对周围的人出现麻木的情绪,睁着一只眼睛,发出一声嘶哑的叹气,并在被子边上移动了一下手。1893年7月6日11点45分,发生更强烈的危险,在场的人们还想再挽救其生命。

他双眼紧闭,胡子梳得很整齐,躺在这无名的小床上,以43岁的生命结束了这嬉闹荒唐的人生,神情似乎挺满足。离开这血肉之躯,对整个世界来说,他又成为了不起的和多产的作家,从《羊脂球》到《如死一般强》,以其叙事生动活泼、笔调丰富多彩征服了广大群众。而这些浩瀚篇幅的作品是作者在十年间,在玩女人、划游船、旅游和与疾病斗争、在繁忙的生活中写成的。人们找来了临终祈祷的教士。教士未能见到莫泊桑咽最后一口气。但是,这并不妨碍向新闻界宣布文学家莫泊桑是做了"教堂临圣事"后去世的。在莫泊桑住院期间已提前请了负责处理其财产的法律管理人。

讣告宣布葬礼将于1893年7月8日中午在圣皮埃尔·德·夏约教堂举行。使他的朋友们感到惊讶的是,为这个叛逆者举行的葬礼还是按老办法进行,然而仪式上来宾甚多。具有令人伤心并富有讽刺意义的是,居易的母亲和父亲都没有到巴黎来参加仪式。洛拉认为离开尼斯到巴黎太劳累,委托女佣玛丽·梅代她参加。她认为既然在住疗养院期间都没有去看望过儿子,为什么这个时候去看他的遗体呢?家属代表只有埃尔维寡妻的兄弟方东·丹东医生。

在葬礼上,科芒维尔夫人悄悄地与爱德蒙·德·龚古尔耳语,说她明天将动身到尼斯去，"带着虔诚的安慰莫泊桑母亲的愿望"看望这个"悲伤和不安的"女人。而罗丹也与龚古尔谈到他们共同的朋友，由于这个朋友的帮助，不久前获得了荣誉团勋章。而让·洛兰在走出教堂时，讲了一个小女孩被监护人在运送她祖母遗骸的枢车上奸污的故事。在教堂前的广场上，人们发表评论，说莫泊桑的棺木由松板、锌板和橡木三层构成，他生前表示过，要深埋在地下，但葬礼管理处认为这个要求不合适而拒绝。莫泊桑夫人为此感到伤心。她认为，她的儿子应与"宇宙万物"融为一体。最后，送葬队伍开始前进了。满城都是热闹气氛。在被花圈淹没的灵车旁，方东·丹东医生、左拉、奥兰多夫、雅各布先生牵着引棺索。最伤心的是弗朗索瓦·塔萨尔，慢步走在他们后面。他双膝哆嗦，面色发青，双眼红肿，好像埋葬的是他自己的生命。

在南蒙帕纳斯墓地，在墓穴旁的人群中，看热闹的人认出了喜剧演员帕斯卡夫人，作曲家阿尔贝·卡昂，作家小仲马，让·洛兰，亨利·鲁戎，卡蒂勒·孟戴斯，亨利·塞亚尔，马塞尔·普雷沃，保尔·亚历克西，亨利·拉夫丹，约瑟·玛丽亚·德·埃雷迪亚……左拉光着脑袋，戴着满是蒸汽的单片眼镜讲了话。他十分激动，以至于有时言语哽咽。左拉富有表情地描绘了莫泊桑光辉的一生，赞誉他文思敏捷，成就卓著，不满足于单一写作，充分享受人生欢乐。他说："他在今天和将来都是著名作家，无可争辩，他功成名就，含笑九泉……他之所以一开始就被人理解和爱戴，那是因为他有法兰西民族的灵魂，是对这个民族的奉献和高尚品质之所在。人们理解他

259　　　　　　　　　　　　　　　　　莫泊桑传

是因为他光明、朴实和有气魄。"接着,讲话者谈起了莫泊桑的陨落,"上帝啊! 永别了! 他受精神错乱之苦,一切幸福被它全毁了!"他接着说:"对世人唯一的慰藉,那就是他的辉煌业绩,终将世代相传。""让他安息吧! 这是用生命换来的,让他留下的作品永存吧! 他的作品将永存并世代相传! 我们这些认识他的人,在心中将永远留下他健壮和痛苦的形象。而以后,那些不认识他的人将通过作品爱他,因为他歌唱了永恒的爱,歌唱了人生。"

在左拉讲话之后,亨利·塞亚尔代表莫泊桑青年时期的朋友讲了几句令人感动的话。他们都已经老了,失去了昔日的欢声笑语。他们蜷缩在黑色的礼服里,手里拿着大礼帽,低着头。最后,大家散散落落地离开了。小仲马叹息道:"什么样的命呀! 文坛遭受了多大的损失! 啊! 精明能干的人呀!"这些有力的悼词可能不会使前"蛙泽"号的水手不快吧!

继承问题在他的母亲、父亲、兄弟媳妇之间,在非难和指责之中勉勉强强解决。他们与雅各布先生多次交换信件,谁都要自己的一份。他的父亲不要人们给他的床,而要"照片"。他的母亲要塞夫勒产的壁炉饰物和路易十六时代挂钟。而兄弟媳妇说,死者曾经要把所有财产留给小西蒙娜,她要顽强地捍卫女儿的利益。

在居易死前,洛拉已经忘记了儿子对"漂亮朋友 2"号的热爱,这是居易成功和自由的象征,这艘游船要出售,估价 6000 法郎。"居易特"命运也一样。1893 年 12 月 20 日和 21 日,人们在特鲁奥旅馆,将莫泊桑遗物当着十分激动的公众面前拍卖:路易十四的壁橱、福楼拜的奖章、活动铅笔、鞋拔、领带夹、罗丹的离奇怪物画……有人说,在这怪物的爪子间,有一个熟人公开地放了一封"灰衣夫人"的最后一封电报。这两件拍卖品总价值 24 500 法郎。12 月 20 日,爱德蒙·德·龚古尔带着十分厌恶的心情写道:"今晚在公主家里,人们惋惜莫泊桑的遗物公开拍卖,它贬低了作家,并暴露了这个人的低级情趣。"第二天,他又写道:"对上流社会的兴趣是不值得赞扬的,这个人对爱的迷恋像卖葡萄酒的商人,他的内心世界生活在乱七八糟的事物中。这就是莫泊桑,人们这样推测他,我也这么说。"

出版虔诚的回忆录和作家的生活隐私丑闻到处都是。有许许多多信件飞到陌生人手中或者被收信人撕毁。洛拉有时激动,有时愤怒,虽然竭力否认全身瘫痪的事实,但都是徒劳。由于考虑到这与荣誉攸关,她希望她儿子的名声世世代代都是无懈可击的。然而,尽管莫泊桑已经作古,爱德蒙·德·龚古尔还竭力在他的《日记》中写回忆,并指责莫泊桑的光荣是建筑在上流社会女子的暧昧关系中,根据他的朋友——诗人乔治·罗登巴哈的说法,"在莫泊桑书中,没有一句话是可以引用的",他还说:"《漂亮朋友》作者公开交媾,那是被福楼拜本人付了报酬的展示活动。"①很明显,他不能原谅居易当初批评的"艺术风格"。在他看来,这位成功的小说家并没有达到福楼拜的水平。莫泊桑小说情节跌宕起伏、构思敏捷、

---

① 龚古尔:1894 年 3 月 11 日《日记》。

莫泊桑传

文笔简练，但他不配当真正的文学家。总之，《漂亮朋友》作者的书不值得多读而且已经过时了。

洛拉年老多病且吸毒，她听不到这些流言蜚语，她只希望死。她是个要面子的人，她叫来了临终时刻的巡视修女"一位眼睛深陷的女人"。她对到尼斯看她的保尔·亚历克西说，她家里没有人得过精神失常的病。但是她在谈话中，说话说错了字，谈到居易的父亲时，说了福楼拜的名字。这个口误使保尔·亚历克西十分高兴，信以为是重要的消息透露。回到巴黎后，他把这一"发现"告诉爱德蒙·德·龚古尔，而龚古尔又谈起自己感兴趣的老话题，他写道："他（保尔·亚历克西）在与她的冗长的谈话中，她有些多话，并向他说明，莫泊桑在外表上和精神上与他的父亲毫无相同之处。"①实际上，爱德蒙·德·龚古尔希望别人不再关心莫泊桑，但他自己却很关注莫泊桑。当然，这是为了诋毁他，在坟墓的外面给他抹黑。但是，这不是从另外一个方面承认他的重要性，这个人在过去是不是令他不悦？

洛拉在隐居中，也有一些其他来访者打扰她。她接待他们时，就像博物馆的看管人那样十分严肃。她一边喘着气，一边给来访者看她亲爱的居易的信件、电报和照片。应奥兰多夫的请求，她允许出版两本小说遗著：《米龙老爹》和《小贩》。1895 年，这位出版商在一些朋友的支持下，建议将莫泊桑的遗体安葬在拉雪兹神甫公墓，

---

① 龚古尔：1893 年 10 月 1 日《日记》。

巴黎市政府在公墓的著名作家区里给他准备了一块墓地,靠近阿尔弗雷德·缪塞墓。在对洛拉征求意见时,她坚决反对。她不愿意人们打扰已长眠的儿子。自从她儿子死后,她的日子艰难,度日如年。而当知道居斯塔夫·德·莫泊桑,这位与她分手多年的丈夫在1899年1月24日断气时,她很惊奇自己还能活下来。

在此期间,莫泊桑的塑像完成了,竖立在巴黎的蒙梭公园。塑像的下方,有一个侧躺着的女人雕像,她表情忧郁,无精打采,像个完美的女读者。不久,鲁昂市政府决定在索尔弗利诺公园建立一个半身像以纪念这位"伟大的诺曼底人"。1900年5月27日,举行了雕像揭幕式,这天天气非常炎热。主席台上坐满了名人、记者和撑着阳伞的贵妇人,步兵24团的乐队高奏乐曲。演讲者一个接着一个发表讲话,对已故者的高贵品质、热爱故乡、留下的具有特色的作品歌功颂德。约瑟·玛丽亚·德·埃雷迪亚描绘了莫泊桑如日中天的生涯,并谈了个人的回忆,他说:"他是属于诺曼底体系的,是属于马雷勃、高乃依和福楼拜种族的。他像那些人一样,他有朴实和古典的风格,文字井井有条,既正规又实际,他有一个大胆的、受折磨的灵魂,既富于冒险精神,又忧心忡忡。"人群报以热烈掌声。然而与会者中有些人对法兰西学院的发言人没有穿绿色织锦的衣服就发表讲话感到遗憾。有人低声向他们解释说,莫泊桑是反对这个组织的,如果约瑟·玛丽亚·德·埃雷迪亚穿着华丽的衣服站在他的半身像前,莫泊桑就会重新回到坟墓里。颂词之后是朗诵诗。法兰西喜剧院的一位年轻女演员玛格丽特·莫雷诺站在讲坛旁,朗诵居易的三首诗。人们又鼓起了掌。演讲在灼热的阳光下继续进行。庆祝仪式在庄严的进行曲中结束。洛拉当然没有参加仪式，但是在1900年6月2日的《画报》上看到了有关仪式的详细记载。她满心喜悦。但是，饱受痛苦、眼睛半瞎和头昏眼花的她，自忖"眼睛深陷的女人"为何迟迟不光临。

1902年夏天，著名的意大利演员埃尔诺拉·杜斯经过尼斯时看望洛拉，她已是一个干瘦、白发苍苍、目光呆滞的老太太。她们一起谈论居易以及他的作品……在分手的时候，洛拉对这位悲剧演员说："您是有才华和名气的，我能为您祝福什么？"来访者说："安息。"莫泊桑夫人凄然一笑，说："对那些在死后还没有安息的人，我也是祝福他安息。"1903年12月8日，与她儿子相反，她以82岁高龄在尼斯溘然长逝，根据她的最后遗言，也葬于土中。